POLYGLOTT

TOSKANA

ON TOUR

DER AUTOR

STEFAN MAIWALD

lebt seit 20 Jahren in Italien und berichtet von dort regelmäßig
für diverse Magazine (u. a. »Merian« und »Der Feinschmecker«).
Bekannt wurde er durch seinen Bestseller »Laura, Leo, Luca
und ich – wie man in einer italienischen Familie überlebt« (dtv).
Stefan Maiwald ist auch Autor von POLYGLOTT on tour Apulien
und Florenz sowie POLYGLOTT zu Fuß entdecken Florenz.
Mehr unter www.postausitalien.com.

W0051735

Unser E-Book-Code zur elektronischen Erweiterung des
POLYGLOTT on tour. Das kostenlose E-Book enthält die im
Reiseführer aufgeführten Adressen entlang der Touren,
beispielsweise zu Essen und Trinken, Shoppen, Aktivitäten
und Hotel-Tipps. Links auf einen externen Kartendienst
vereinfachen das Auffinden dieser Adressen.

WWW.POLYGLOTT.DE

SYMBOLE ALLGEMEIN

Erstklassig: Besondere Tipps der Autoren

Seitenblick: Spannende Anekdoten zum Reiseziel

Top-Highlights und
Highlights der Destination

TOUR-SYMBOLE

❶ Die POLYGLOTT-Touren
6 Stationen einer Tour
📘 A1 Die Koordinate verweist auf
die Platzierung in der Faltkarte
📘 a1 Platzierung Rückseite Faltkarte

PREIS-SYMBOLE

	Hotel DZ	Restaurant
€	bis 90 EUR	bis 20 EUR
€€	90 bis 150 EUR	20 bis 35 EUR
€€€	über 150 EUR	über 35 EUR

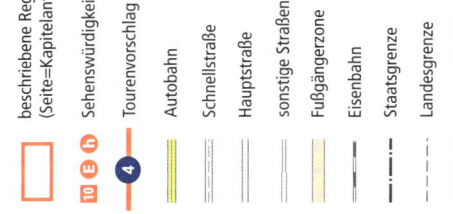

ZEICHENERKLÄRUNG DER KARTEN

☐	beschriebene Region (Seite=Kapitelanfang)
10 **E** **h**	Sehenswürdigkeiten
4	Tourenvorschlag
	Autobahn
	Schnellstraße
	Hauptstraße
	sonstige Straßen
	Fußgängerzone
	Eisenbahn
	Staatsgrenze
	Landesgrenze
	Nationalparkgrenze

Magione
Perugia
Umbrien
Arezzo & Aretino S. 134
Lago di Trasimeno
Castiglione del Lago
6
Chiusi
Sinalunga
Buonconvento
Montepulciano
5
Pienza
Val d'Orcia
Siena & Terre di Siena S. 80
Orvieto
Tiber
Rom
Rom
Viterbo
Montefiascone
Lago di Bolsena
Lago di Bracciano
Ronciglione
Cerveteri
Ladispoli
Latium
Marta
L`Amiata
1738
San Filippo
5
Radicofani
Montalcino
S. Fiora
Arcidosso
Paganico
Mte.
Lamone
Lago di Bolsena
Sovana
Pitigliano
Manciano
Marsiliana
Latera
Tuscania
Tarquinia
Mera
Fiora
Civitavecchia
Tyrrhenische Küste S. 106
Rosia
Rosia
Colline
Metallifere
Larderello
Massa Marittima
Roccastrada
Scansano
Maremma
Orbetello
Monte Argentario
Ombrone
Grosseto
Parco Regionale della Maremma
Castiglione della Pescaia
8
San Vincenzo
Castagneto Carducci
Campiglia Marittima
Follonica
Punta Ala
Golfo di Follonica
Golfo di Baratti
Piombino
11
degli Etruschi
Portoferraio
Marina di Campo
Elba
Pianosa
Giglio
Montecristo
TYRRHENISCHES
MEER
Korsika
Capraia
Sardinien
Sizilien
N
0   30 km

Sanfte Hügel, schlanke Zypressen – die Toskana, hier im Val d'Orcia, ist ein Sehnsuchtsort

TYPISCH

DIE TOSKANA IST EINE REISE WERT!

Alles, was Italien ausmacht, gibt es in der Toskana – und zwar im Überfluss. Und so ist es nicht verwunderlich, dass jährlich etwa 14 Millionen Besucher der Faszination dieser zauberhaften Region erliegen.

STEFAN MAIWALD
lebt seit 20 Jahren in Italien und berichtet von dort für diverse Magazine (u. a. »Merian« und »Der Feinschmecker«). Bekannt wurde er durch seinen Bestseller »Laura, Leo, Luca und ich – wie man in einer italienischen Familie überlebt« (dtv). Mehr über Stefan Maiwald unter www.postausitalien.com.

Fast zehn Jahre hatte ich schon in Italien gelebt, bevor ich zum ersten Mal die Toskana bereiste. Es war, als wollte ich mir das Beste für den Schluss aufheben, nachdem ich schon fast jede andere Region gesehen hatte. Ich sollte nicht enttäuscht werden. Im strömenden Regen verließ ich die höllische Apenninen-Autobahn zwischen Bologna und Florenz, auf der sich Selbstmörder in Milchlastern Wettrennen lieferten, und war plötzlich mittendrin – in den sanft geschwungenen, grünen Hügeln, den Weinreben, den malerischen *rustici*. Ja, selbst das Klima schien plötzlich gefälliger zu werden; aus dem Wolkenbruch entwickelte sich ein warmer, sonniger Nachmittag, der auch noch von einem malerischen Regenbogen illuminiert wurde. Also bitte: Ging es noch kitschiger?

Keine Frage, die Toskana ist ein Märchenland, das den Reisenden unvermittelt umfängt, ihn einlullt, nicht mehr entfliehen lässt. Ja, man hatte mich vor der Toskana gewarnt. Ein Jahrzehnt lang hatte ich mich gegen diesen Gefühls-Overkill gesträubt, doch jetzt gab es kein Halten mehr. Bald saß ich bei einem Winzer in Radda, einem winzigen Örtchen mitten in den Weinbergen des Chianti, die Sonne schien, der Wein war entkorkt, der regennasse Duft der Macchia nach Salbei und Rosmarin umgab uns. Der Winzer betrieb auch einen Agriturismo, wie es im Chianti so viele gibt, und am Nebentisch lärmte eine Großfamilie, die aus mindestens vier Generationen bestand, auf angenehm italienische Art; die Töchter in weißen Sonntagskleidern rannten um die Tische, der gebrechliche Opa am Kopfende des Tisches, selbstverständlich ebenfalls piekfein im Ausgehanzug, sah dem Treiben mit einem breiten Lächeln zu; es war eine so idyllische Szenerie, dass sie beinahe nicht auszuhalten war. (Man kann natürlich auch das Pech haben, eine italienische Großfamilie zu erwischen, die einander über vier Generationen hinweg Youtube-Videos mit voller Lautstärke vorspielt. Das passiert in der Toskana auch, aber zum Glück sehr selten.) Ich sah mich um, ob irgendwo ein Kamerateam mitfilmte. Mein Blick fiel auf die endlosen Rebenreihen, die sich bis ins Tal zogen und deren Blätter sich bereits herbstlich verfärbten – die Welt war perfekt.

Wenn ich mir eine einzige Region aussuchen müsste, die ich den Rest meines Lebens nicht mehr verlassen dürfte – die Toskana wäre in der allerengsten Wahl. Denn damit eines mal klar ist: Egal, wer was schreibt, egal, welches Ziel zum Must-see hochgejubelt wird (und wir Reisejournalisten sind ja ganz schnell dabei, irgendwelche »Geheimtipps« zu erfinden, um unsere Geschichten besser zu verkaufen): Keine Region dieser Welt ist so hübsch, so zauberhaft, so großartig wie die Toskana. Hier sind keine Kirchen, sondern ganze Städte UNESCO-Weltkulturerbe. Die Zypressen und Schirmpinien, die endlosen Weinberge, Siena, Pisa, Lucca, die unverbaubaren Blicke auf Grün in allen Schattierungen: Hier genoss man schon das gute Leben, als der Rest der Welt gerade lernte, aufrecht zu gehen.

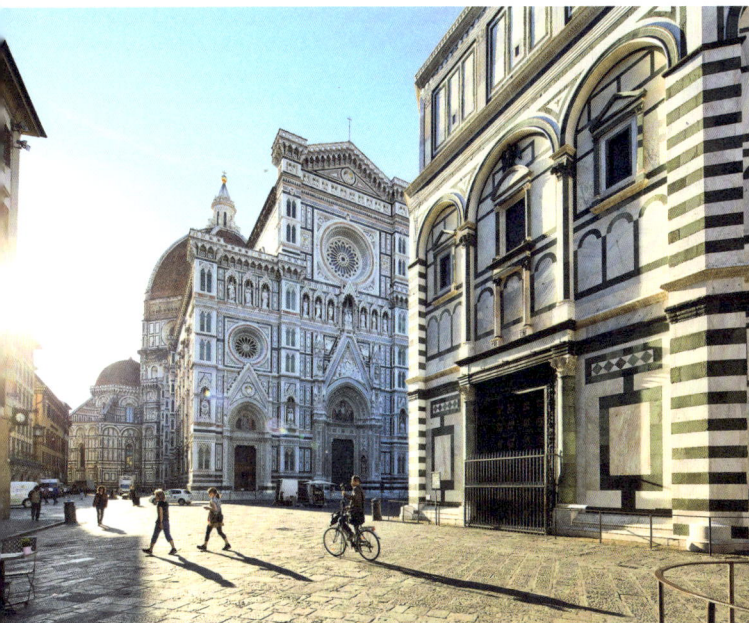

Morgens früh hat man die Piazza del Duomo noch fast für sich allein

Was für ein Sehnsuchtsort! Schon der Name lässt mich seufzen. Die Toskana – das war und ist für viele Reisende das Gelobte Land. Und es ist ja auch so, als hätte hier ein höheres Wesen alles zusammengewürfelt, was den Urlaub zu einem unvergesslichen Erlebnis macht. In der Toskana gibt es alles im Überfluss. Wo soll man nur anfangen? Nähern wir uns der Region kulinarisch, was in Italien nie eine schlechte Idee ist. Die Gemüsesuppe *ribollita* und das belegte Fladenbrot *focaccia* zeigen, dass die Küche eher einfach und ländlich, aber doch raffiniert ist. Höhepunkt eines Essens ist die *bistecca alla fiorentina*, ein gewaltiges Steak vom Chianina-Rind. Die beste *bistecca* aß ich bei Andrea Quagliarella (zu ihm später mehr ❯ S. 14); dazu gab es den Blick auf den Arno und einen Schulterklopfer vom schnauzbärtigen Chefkoch. Doch damit nicht genug der Schlemmereien: Sogar das beste Eis Italiens wird in der Toskana gemacht – nämlich in der Eisdiele Dondoli in San Gimignano, deren Kreationen internationale Preise gewinnen konnten. Erwähnte ich schon, dass in der Toskana praktisch im Alleingang die Renaissance begann? Cimabue, da Vinci, Michelangelo – hier trifft man auf Schritt und Tritt bekannte Namen und bestaunt Fresken, Skulpturen, Kirchen und Paläste. Dazu kommt eine mehr als 300 km lange Küste, die von Sandstrand bis Felsenbuchten ebenfalls alles bietet – für all jene, die sich im Urlaub lieber der Pflege des Teints widmen und eine Kirche auch mal Kirche sein lassen. Denn auch das ist die Toskana: Sie drängt sich dem Reisenden nicht auf. Das hat diese Schönheit, die um all ihre Vorzüge weiß, nämlich gar nicht nötig.

Grüne Macchia prägt die weitläufige Maremma

WAS STECKT DAHINTER?

Die kleinen Geheimnisse sind oftmals die spannendsten. Hier werden die Geschichten hinter den Kulissen erzählt.

WOHER KOMMT DER BERÜHMTE »GALLO NERO«?

Der »Schwarze Hahn« ziert seit fast 100 Jahren die Flaschen des Chianti Classico. Doch woher stammt er? Angeblich aus einer Grenzstreitigkeit: Seit dem Mittelalter schlugen Krieger aus Florenz und Siena einander die Köpfe ein; es ging um die Vorherrschaft über die Hügel des Chianti. Schließlich entschied man, den Konflikt so zu lösen: Beim ersten Hahnenschrei sollten jeweils ein Reiter aus Florenz und aus Siena lossprechen. Am Treffpunkt der beiden würde die Grenze zwischen den beiden Territorien gezogen werden. Während der Hahn aus Siena gehegt und gefüttert wurde, ließen die cleveren Florentiner ihren schwarzen Hahn hungern, sodass er am entscheidenden Morgen ganz früh wach wurde und krähte, während der faule Sieneser Hahn kaum aus den Federn kam. Der Reiter aus Florenz schaffte es bis weit ins heutige Chianti-Tal; die Stadt erhielt den größten Teil des Gebiets. Wie viel Wahrheit in dieser Legende steckt, ist nicht mehr zu ermitteln; Tatsache ist aber, dass sich bereits 1384 die kleinen Chianti-Städtchen unter dem Wappen des Schwarzen Hahns zusammenschlossen. Übrigens: Seit einigen Jahren dürfen auch andere typisch toskanische Produkte mit dem »Gallo Nero« werben.

IST DER SCHIEFE TURM VON PISA DER SCHIEFSTE BAU DER WELT?

Der Schiefe Turm von Pisa ist ganz schön schief. Aber ein deutscher Turm ist schiefer: Der Kirchturm von Suurhusen in Ostfriesland nicht weit von Aurich hat eine Neigung von 5,2 Grad – Pisa hingegen kommt nur auf schlappe 3,97 Grad. Deutlich mehr Neigung hat das Capital Gate in Abu Dhabi, das allerdings absichtlich schief gebaut wurde: Der 160 m hohe Wolkenkratzer mit seinen 35 Stockwerken neigt sich sogar um schwindelerregende 18 Grad nach Westen.

WARUM GILT MICHELANGELOS DAVID ALS WICHTIGSTE STATUE DER WELT?

Frühere Bildhauer hatten David oft mit dem abgetrennten Kopf seines Gegners Goliath gezeigt. Doch Michelangelo wählte einen besonderen Moment: Sein David muss die Schlacht noch schlagen. Zwar trägt er die Schleuder entspannt über der linken Schulter, doch wer genau hinsieht, entdeckt seine Kampfbereitschaft: die Sehnen am Hals, die angespannten Lippen und Nasenflügel, den entschlossenen Blick in die Ferne. Dabei drückt er ein lässiges, fast provozierendes Selbstbewusstsein im Angesicht des riesigen Kontrahenten aus.

50 DINGE, DIE SIE …

Hier wird entdeckt, probiert, gestaunt, Urlaubserinnerungen werden gesammelt und Fettnäpfe clever umgangen. Diese Tipps machen Lust auf mehr und lassen Sie die ganz typischen Seiten erleben. Viel Spaß dabei!

… ERLEBEN SOLLTEN

1 **Sternekochkurs** Sie glauben, Pasta selbst zu machen sei kompliziert? Dann lassen Sie sich vom Gegenteil überzeugen. Zum Beispiel in einem Kochkurs mit den besternten Köchen Enrico Bartolini und Marco Ortolani, die ihr Wissen gern an Sie weitergeben (L'Andana 🔖 C7, Loc. Bandiola, www.andana.it, 140 €).

2 **Gesunder Schwefel** Die Therme 🔖 B2 von Bagni di Lucca stinkt etwas, tut aber mit ihrem bis zu 54 Grad heißen Wasser unglaublich gut (www.bagnidiluccaterme.info).

Im Schiefen Turm von Pisa

3 **Italienisch flott** Rollerfahren in Florenz sollten Sie lieber Profis überlassen. Aber wenn man auf einer Vespa durch die Hügel des Chianti kurvt, fühlt man sich wie ein Filmstar aus den 50er-Jahren. Vespas verleiht zum Beispiel Chianti Moto & Bike 🔖 C4 in Barberino Val D'Elsa (Via Cristoforo Colombo, www.chiantimotobike.it, 55 €/Tag).

4 **Verwirrung der Sinne** Wer in Pisa auf den Schiefen Turm › S. 114 steigt, weiß schnell nicht mehr, was senkrecht und was schief ist. Das Auge orientiert sich an der Wand, der Körper folgt der Schwerkraft.

5 **Versiert Feilschen** Der Antiquitätenmarkt in Arezzo › S. 141 ist der bedeutendste in Italien. Jedes erste Wochenende im Monat wird um Trödel, Tand und echte Preziosen gefeilscht – Möbel, Instrumente, Uhren … Von weither kommen Schnäppchenjäger. Beobachten Sie die Profis oder feilschen Sie selbst.

6 **Höhlenforschung** Stalagmit oder Stalaktit? In der Grotta del Vento 🔖 A2 bei Fornovolasco, einer der größten Tropfsteinhöhlen Europas, können Sie dieser Frage nachgehen (Comune di Vergemoli, Via Grotta del Vento, 20 €).

Zum Antiquitätenmarkt von Arezzo kommen Sammler aus dem ganzen Land

7 **Legenden-Tour** Eine Rundfahrt durch die Toskana in einem alten roten Fiat 500 – einmalig, nicht nur für Autonarren. Im Oldtimer-Konvoi geht es mit Guide von Florenz aus in die Weinberge (ca. 1,5 Std. ca. 120 €, www.500touringclub.com).

8 **Florenz vom Wasser aus** Gemächlich geht es per Stand-up Paddle über den Arno, während links und rechts die Kulturgeschichte vorbeizieht und ein Guide alles erklärt. Tipp für Frühaufsteher: Die Early Morning Tour, die um 7 Uhr beginnt. Auf Wunsch wird anschließend eine Wein-Degustation organisiert. Täglich vier Touren, Dauer 1,5 Std. (www.toscanasup.org).

9 **Marktnacht** An einem lauen Sommerabend Livemusik hören, Kunsthandwerk shoppen und dazu ein Gläschen Wein trinken – das kann man auf dem Nachtmarkt D4 im zauberhaften Greve (jeden 3. Do von Juni–Aug., 18–23 Uhr; www.comune.greve-in-chianti.fi.it).

... PROBIEREN SOLLTEN

10 **Pici-Nudeln** Sie garen bis zu 20 Minuten, doch wer die Geduld für die dicken toskanischen Nudeln aufbringt, befindet sich danach im Pasta-Paradies. Perfekte Begleitung: *ragù*. Die Pasta gibt's in jedem Feinkostgeschäft.

11 Wein auf Karte Die Enoteca Falorni › S. 68 in Greve ist die ungewöhnlichste Probierstube der Welt: Bezahlt wird mit aufladbarer Karte zu 10, 15 oder 25 €, dann zapfen Sie sich den Wein elektronisch selbst. So können Sie auch von den teuersten Tropfen einmal naschen.

12 Crema di Santa Fina Das köstliche Eis mit Orangen, Safran und Pinienkernen stellt Sergio Dondoli in seiner Gelateria 📕 C4 in San Gimignano her. Schon mehrfach wurde er Eis-Weltmeister. Kosten Sie – dann wissen Sie, warum (Piazza della Cisterna 4, www.gelateriadondoli.com).

13 Wildschweinragout Toskanische Küche ist wildlastig, und was ist wilder als Wildschweinragout? Besonders gut isst man das *ragù di cinghiale* in der Antica Trattoria La Torre › S. 70 in Castellina.

Castagnaccio

14 Die beste Fiorentina Wo gibt es die perfekte *bistecca alla fiorentina*? Eine Umfrage unter verwöhnten Florentinern ergab: Bei Andrea Quagliarella vom Il Verrocchio 📕 D3 in Florenz sind Genießer in besten Händen (Via della Massa 24; www.villa lamassa.com).

15 Suppenzeit *Cacciucco* ist die typische Fischsuppe von Livorno. Weil das Wort fünf »C« enthält, enthält die Suppe auch fünf Sorten Meeresgetier, darunter Tintenfisch, Miesmuscheln und Heuschreckenkrebse. Alles wird in Tomaten-Fischfond gekocht, besonders köstlich bei La Barcarola › S. 124.

16 Brotsalat Einst Arme-Leute-Essen mit Ciabatta vom Vortag, inzwischen der perfekte Snack in Trattorien: Das Brot wird im Ofen geröstet, gewürfelt und mit Knoblauch, Zwiebeln, Tomaten, Rucola, Honig und Pinienkernen serviert.

17 Roher Fisch Ja, auch den gibt es in der Toskana, vor allem rund um San Vincenzo, etwa bei Deborah Corsi. Ihr Restaurant La Perla del Mare 📕 B6 liegt direkt am Strand, und die Westlage sorgt für zum Seufzen schöne Sonnenuntergänge (Via della Meloria 9, www.laperladelmare.it).

18 Steinharte Süße Südliche Länder sind süßliche Länder, und die toskanische Spezialität sind Cantuccini, Mandelkekse, am besten von Antonio Mattei › S. 74 in Prato. Und am allerbesten, wenn man sie in den Dessertwein Vin Santo eintaucht.

In der Markthalle von Livorno gibt's italienische Köstlichkeiten

19 Castagnaccio Eine wunderbare Süßspeise, die in der gesamten Toskana zu Hause ist: Aus Kastanienmehl, Zucker, Pinienkernen, Rosmarin und Rosinen wird ein Kuchen gebacken, der dann mit Honig bestrichen wird.

20 Toskanischer Thunfisch *Tonno toscano* war die Leibspeise der Medici: Mageres Schweinefleisch wird einen Monat lang in Salz, Olivenöl und Kräuter eingelegt. Heute kann man *tonno toscano* z. B. im Restaurant Le Contrade 📖 D4 in Gaiole in Chianti genießen (Loc. Vinci).

... BESTAUNEN SOLLTEN

21 Schönste Straße Vergessen Sie die Empfehlungen Ihres Navi und fahren Sie, wann immer es möglich ist, auf der Staatsstraße Chiantigiana (SR 222) ‹ S. 52 zwischen Florenz und Siena rauf und runter. Jede Kurve ist ein Oh- und Ah-Erlebnis.

22 Schlemmerparadies Der *mercato centrale* 📖 A4 in Livorno in einer malerischen Halle aus dem Jahr 1894 hat täglich außer samstags geöffnet. Schauen Sie sich die vielen Fischarten an – den Seeteufel werden Sie garantiert nicht vergessen (Via Buontalenti).

23 Prachtvoll ist der Blick auf Florenz vom Piazzale Michelangelo ‹ S. 55. Gönnen Sie sich dieses Erlebnis an einem Samstag. Dann lassen sich hier viele Florentiner Hochzeitspaare (die Braut in prächtigem Hochzeitskleid!) fotografieren – das steigert den Romantik-Faktor.

24 Kirchenschwindel Der französische Autor Stendhal bekam in Florenz einen Schwindelanfall; seitdem gilt das Zusammenbrechen vor großen Meistern als »Stendhal-Syndrom«. Ihm wurde in der Kirche Santa Croce ‹ S. 63 blümerant, vor den Grabmälern von Dante, Michelangelo und Macchiavelli.

25 **Drei Oscars** In und um Arezzo hat Roberto Benigni den Film »Das Leben ist schön« gedreht. Im Tourismusbüro › S. 140 der Stadt gibt es eine Karte namens »Itinerario Benigni«, die zu den vielen Drehorten des Films führt, der 1998 drei Oscars gewann.

26 **Spaziergang bei den Toten** Die Fresken auf dem Friedhof Camposanto › S. 114 in Pisa gehören zu den bedeutendsten Dokumenten der Malerei des 14. und 15. Jhs. Ganz besonders beeindruckend: »Der Triumph des Todes«, wohl von Francesco Traini.

27 **Berühmte Statue** Lange dachte man, die Etrusker hätten lediglich ein paar Tonscherben hinterlassen. Doch in Volterra wurden einmalige Zeugnisse entdeckt. Weltberühmt: die filigrane 60 cm hohe, bronzene Votivstatuette »Ombra della sera« im Museo Guarnacci › S. 95.

28 **Weinmuseum** So haben früher Weinpressen ausgesehen? Keltern muss ganz schön mühsam gewesen sein! Alte Fässer, Geräte, Werbeplakate und Etiketten sind ebenfalls im Weinmuseum 🔖 D4 von Greve versammelt. Es gibt nur geführte Touren, die 2×/Tag in der Enoteca Falorni starten (Piazza Nino Tirinnanzi 10, www.museovino.it).

29 **Grotesk** Im Giardino di Boboli › S. 59 kann man sich vom Trubel in Florenz erholen und dabei dekorative Brunnen, versteckte Grotten und schöne Statuen bestaunen. Besonders skurril: Der Zwerg Morgante reitet auf einer wasserspeienden Schildkröte (Fontana di Bacchino).

Der Giardino di Boboli ist eine grüne Oase in der Großstadt

30 Toskana-Konzentrat Kann es mehr Toskana geben als im Castello La Leccia  D4? Der Agriturismo in Castellina in Chianti hat nur zwölf Zimmer und liegt in einem *borgo* aus dem 11. Jh., mit einem atemberaubenden Panoramablick sogar vom Außenpool. Das Restaurant, das Weingut, die Olivenölpresse und überhaupt das ganze Castello sind ökologisch ausgerichtet (Località La Leccia, www.castellolaleccia.com).

… MIT NACH HAUSE NEHMEN SOLLTEN

31 Was für ein Käse! Pasta, Pilze, Trüffel – die Toskana ist ein Paradies für Genießer. Die Erinnerung an den Urlaub kommt zurück, wenn Sie zu Hause vom berühmten Schafskäse *pecorino di Pienza* kosten. Ihn gibt es bei der Fattoria Buca Nuova E6 in Pienza (Via Maggio 4, www.fattoriabucanuova.it).

32 Edler Rotwein Große Tropfen sind der Brunello und der Vino Nobile aus Montepulciano; von Letzterem gibt es eine preiswertere Variante, den Rosso di Montepulciano. Platz für ein bis zwei Kartons sollte im Auto immer sein – dann haben Sie Wein für besondere Anlässe daheim. Eine gute Auswahl hat die Winzergenossenschaft E6 (Piazza Grande 7, www.consorziovinonobile.it).

33 Pinienzapfen Sie halten ewig. Sie bringen mit ihrem Duft den Urlaub zurück. Sie machen sich gut im Wohnzimmerregal. Sie inspirieren

Niemand kommt an Pinocchio vorbei

Sie, bald in die Toskana zurückzukehren. Bonus: Pinienzapfen gelten in Italien als Glücksbringer!

34 Viva il Kitsch! Kleine und große Kinder freuen sich über einen der kleinen Holz-Pinocchios, die in vielen Krimskramsgeschäften und auf Märkten angeboten werden.

35 Frischfleisch Kühltasche dabei? Dann nehmen Sie ein Stück vom würzigen Gürtelschwein mit, z. B. aus der Macelleria Chini D4 in Gaiole (Via Roma 2).

36 Handgemachtes Papier Auf der *carta fiorentina* entstehen kluge Sätze wie von selbst: Das marmorierte Papier, seit Jahrhunderten eine Spezialität von Florenz gibt es z. B. im edlen Schreibwarengeschäft Giannini a3 (Piazza Pitti 37).

37 **Extra Vergine** Olivenöl ist ein klassisches Mitbringsel aus Italien. Doch nicht überall ist es gleich gut. Ich empfehle in Florenz La Bottega dell'Olio 🔖 b3 (Piazza del Limbo 2) und Olio & Convivium (Via Santo Spirito 4), die mit einer Auswahl von über 100 Ölen um die Gunst der Florentiner wetteifern.

38 **Toskana im Glas** Fast alle Leckereien, die die Toskana ausmachen, gibt es auch im Glas. Wunderbaren Honig finden Sie z.B. in Pienza in der Bottega del Naturista 🔖 E6 (Corso Rossellino 16).

39 **Schwere Kunst** Die Marmorbrüche › S. 123 bei Carrara sind sehenswert. An den Straßenrändern auf dem Weg dorthin finden Sie viele Verkaufsstände mit Marmor-Kleinkunst. Wie wär's mit einem Mini-David fürs Regal zu Hause?

40 **Grappa** Verkosten Sie unterschiedliche Sorten, denn Grappa ist nicht gleich Grappa, und nehmen Sie dann Ihre Lieblingssorte mit nach Hause. Vielleicht den Grappa di Brunello di Montalcino der Enoteca Porciatti 🔖 D4 in Radda (Piazza IV Novembre 1-2-3, www.casaporciatti.it)?

41 **Töpfchen** Die Keramikherstellung hat in Cortona eine lange Tradition. Passt immer ins Gepäck: ein Zwiebeltöpfchen. Damit Sie beim Schälen nicht mehr weinen, sondern an den Urlaub denken (Stefania Pattasini 🔖 E5, Via Gino Severini 1, www.stefaniapattasini.it).

Mit Trüffel aromatisierter Honig schmeckt hervorragend auf einem Stückchen Pecorino

... BLEIBEN LASSEN SOLLTEN

42 Fastfood essen Aus Unsicherheit gehen viele Reisende dann doch zu den üblichen internationalen Ketten oder der Pizzeria mit den Bildern auf der Speisekarte. Seien Sie wagemutiger, essen Sie in einer Trattoria oder einem guten Restaurant, und probieren Sie Dinge, die Sie nicht kennen!

43 Über Politiker schimpfen Viele Italiener haben schon lange die Nase voll von ihren Volksvertretern. Dennoch reagieren sie empfindlich, wenn sie von Angehörigen anderer Nationen belehrt werden. Über ihre Politiker zu schimpfen, sollte ein Privileg der Italiener bleiben.

44 Schnäppchen kaufen Vorsicht vor gefälschter Markenware, die Ihnen vor allem in Florenz, Siena und Pisa angeboten wird! In Italien sind die Geldstrafen hoch – und zwar auch für arglose Käufer, die sich von fliegenden Händlern »echte« Prada-Taschen und Gucci-Gürtel andrehen lassen.

45 Bequem reisen Die *bella figura* ist mehr als nur ein Schlagwort. Seien Sie kein stilloser Tourist. Über Badeshorts oder Spaghetti-Tops in Cafés und Restaurants schütteln die Einheimischen nur den Kopf, auch die berüchtigte Dreiviertelhose findet sich nur an weißlichen Touristenbeinen. Allzu legere Kleidung in Museen oder gar Kirchen ist ein unverzeihlicher Fauxpas.

46 Überall zelten Wildes Campen und Zelten ist in der Toskana verboten; wer das Verbot missachtet, muss mit empfindlichen Geldstrafen bis 500 € rechnen.

47 Achtung, Finanzamt! Behalten Sie ihren Kassenbon, selbst wenn Sie nur eine Flasche Wasser gekauft haben. Denken Sie daran: Das Finanzamt ist überall! In Italien werden auch Käufer von der Steuerfahndung kontrolliert und riskieren Geldstrafen, wenn sie den *scontrino* nicht vorweisen können.

48 Nur für Harte Im zauberhaften San Gimignano gibt es zwei Foltermuseen › S. 92. Was manchen Besuchern nur einen leichten Schauder den Rücken hinunterlaufen lässt, macht zarten Gemütern Albträume.

49 Sich breit machen Auch Hotels höherer Klassen und Preiskategorien haben oft nur kleinere Zimmer im Angebot, wenn sie in historischen Bauten liegen, die wenig Alternativen bieten – da hilft auch kein Insistieren an der Rezeption. Wer mehr Platz braucht, sollte sich am besten nach Ferienhäusern umschauen, die etwa unter www.totoskana vermittelt werden.

50 Tafelwein bestellen Das Leben ist kurz - bestellen Sie also in einem Restaurant keinen Tafelwein, sondern gönnen Sie sich lieber eine richtig gute Flasche. Auch in der unteren Preisklasse gibt es hervorragende Weine. Sie sind schließlich in der Toskana!

Die Toskana hat herrliche Strände –
zum Beispiel im Parco Regionale
della Maremma

REISEPLANUNG
& ADRESSEN

DIE REISEREGION IM ÜBERBLICK

Zypressengesäumte Auffahrten zu einsamen Bauernhöfen in hügeliger Landschaft, weite Sandstrände und lauschige Badebuchten am Tyrrhenischen Meer, anmutige Städtchen und großartige Kunstschätze – die Toskana hat viele Gesichter, die einer Entdeckung harren.

Florenz, das Chianti und der Monte Albano bilden das Herz der Toskana. Die Hauptstadt der Region wäre ohne ihr Hinterland, ohne die ausgedehnte Hügellandschaft mit ihren Weinreben und Olivenhainen, den romanischen Landkirchen und den prachtvollen Villen nicht denkbar – Kultur und Natur, Stadt und Umland gehören fest zusammen. Florenz zählt heute zu den meistbesuchten Kunstorten Italiens – die gesamte Altstadt wurde von der UNESCO zum Weltkulturerbe erklärt – und wartet mit einer schier unglaublichen Dichte an Zeugnissen der Renaissance-Zeit auf, mit eleganten Adelspalästen, harmonischen Kirchenbauten und stimmungsvollen Piazze. Die bedeutendsten Künstler Italiens, darunter Michelangelo, Raffael, Leonardo da Vinci, Botticelli und Brunelleschi, wirkten hier. Markante Wehrbauten, einsame Kirchlein und malerische Städtchen prägen die uralte Kulturlandschaft der **Chianti-Region.** Abseits der Touristenströme liegen die Orte rund um den sich auf 633 m erhebenden **Monte Albano.** Die Hügellandschaft westlich von Florenz bietet beim Wandern unerwartete Panoramen weit ins Land hinein, das zahlreiche Sehenswürdigkeiten birgt, darunter die Kunstschätze Pratos und das interessante *centro storico* Pistoias.

Ockergelb bis leicht bräunlich mit einem dunklen, erdigen roten Ton: Diese Farbe charakterisiert die **Terre di Siena.** Das warme Sonnenlicht taucht die Gebäude der mittelalterlichen Altstadt **Sienas** in diese Braunnuance, lässt die weiten Getreidefelder des toskanischen Südens goldgelb glänzen. Schmuckkästchen wie San Gimignano oder Certaldo, Montalcino, Pienza oder Montepulciano scheinen mit der Natur verwachsen zu sein. Jeder kleine Ort, jede Stadt rühmt sich einer langen Vergangenheit, bietet Kunstzeugnisse dar, verwöhnt den Besucher mit lokalen Spezialitäten. Neben den einzigartigen Geschlechtertürmen San Gimignanos nahm die UNESCO daher auch das Gesamtkunstwerk Val d'Orcia, diese faszinierende, in Jahrhunderten gewachsene Parklandschaft, in das Weltkulturerbe auf. Weltberühmt sind die Weine dieses Gebiets, der edle Brunello aus Montalcino und der Vino Nobile aus Montepulciano. Ganz anders, nämlich intensiv grün, zeigen sich die schattigen Wälder am schon lange erloschenen Vulkan Monte Amiata, der als Blickfang die gesamte Südtoskana beherrscht.

Ob weite Strände, einsame Buchten, Pinienwald oder Bilderbuch-Sonnenuntergang: **Die tyrrhenische Küste** gibt sich abwechslungsreich. Edle Boutiquen säumen die Promenaden in der Versilia, in Viareggio oder Forte

Die Geschlechtertürme in San Gimignano wirken wie Hochhäuser aus dem Mittelalter

dei Marmi, vor der grandiosen Kulisse der Apuanischen Alpen. An der Costa degli Etruschi südlich der Hafenstadt Livorno wechseln felsige Küstenabschnitte mit flachen Sandbuchten. Vor hohen Schirmpinien öffnet sich die vielleicht schönste Bucht der Toskana, der Golf von Baratti. Südlich von Piombino, dem Fährhafen nach Elba, beginnt die Maremma mit ihren weiten sandigen Stränden vor grüner Macchia und Pinienhainen. Doch nicht nur Bade- und Wasserspaß, auch die Kunst kommt an der Küste nicht zu kurz. Alles überragt der weltberühmte Schiefe Turm in Pisa, doch hier liegen auch das heitere Lucca, das Kleinod Massa Marittima, das Dörfchen Sovana, das in jedem Mittelalterfilm als Kulisse der Extraklasse dienen könnte: Die herrliche Aussicht aufs Meer von den Hügeln gibt es gratis dazu.

Einer der hervorragenden Renaissance-Maler, Piero della Francesca, begleitet den Reisenden durch **Arezzo und das Aretino.** In dem lebhaften Handelszentrum Arezzo, mit dem größten Antiquitätenmarkt der Toskana, eröffnet sich die Großartigkeit der Fresken Pieros in der Kirche San

Francesco. Seine berühmte schwangere »Madonna del Parto« in Monterchio und sein feierliches Auferstehungsfresko in Sansepolcro führen hinüber ins Val Tiberina, ins obere Tiber-Tal. Cortona mit seinen etruskischen Meisterwerken gewährt einen herrlichen Ausblick über das Chiana-Tal im Süden Arezzos. Die laubengesäumten Stadtplätze geben Poppi und Stia im Casentino ein fast schon norditalienisches Flair. Die stillen Klöster La Verna, bei Chiusi della Verna am Fuße des Monte Penna, und Camaldoli, in den jahrhundertealten Wäldern des Nationalparks Foreste Casentinesi-Monte Falterona-Campigna gelegen, strahlen eine meditative, von Liebe zur Natur durchtränkte Atmosphäre aus.

KLIMA & REISEZEIT

Im Winter in die Toskana reisen? Nun, an einem sonnigen Februartag hat man bei oft mehr als 15 °C viele Museen und Kirchen nahezu für sich allein. Am Meer zu wandern macht auch zu dieser Zeit Spaß – selbst wenn man für alle Fälle einen Schirm mitnehmen sollte.

Ob Florenz im Hochsommer, wenn das Thermometer fast 40 °C anzeigt, noch ein Vergnügen ist, muss jeder selbst entscheiden – auch wenn dann Sonderangebote und ein breitgefächertes Kulturprogramm locken. Von Ostern bis Oktober wird man kaum ein bedeutendes Kunstwerk in Ruhe betrachten, Reisegruppen aus aller Welt kommen gerade im Sommerhalbjahr v. a. nach Florenz, Siena, Pisa und San Gimignano. Die Küste wird weniger von ausländischen Touristen besucht, hier dominieren die Italiener, und zwar vor allem im August.

Die schönsten Jahreszeiten, um die toskanische Landschaft zu erleben, sind das Frühjahr – mit knallgelben Raps-, goldgelben Getreidefeldern, roten Mohnblumen im Mai – und der Herbst, wenn morgens Dunst über den Tälern liegt und die in Grau- und Brauntönen leuchtenden abgeernteten Schollen und die bunt gefärbten Weinreben und Laubbäume der Region einen sehr eigenen, herben Reiz verleihen. Im Mai oder September bietet sich auch die Möglichkeit, Badeferien mit Kultururlaub zu verbinden.

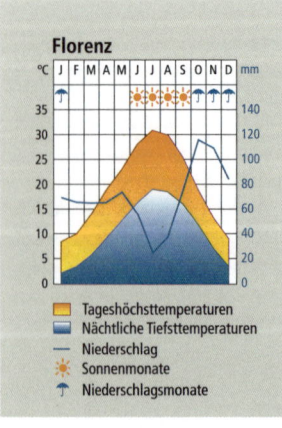

Florenz

°C J F M A M J J A S O N D mm

- ■ Tageshöchsttemperaturen
- ■ Nächtliche Tiefsttemperaturen
- — Niederschlag
- ☀ Sonnenmonate
- ☂ Niederschlagsmonate

ANREISE

MIT DER BAHN

Direkte Fernzüge verkehren täglich nachts von München und Wien nach Florenz; die Autoreisezüge aus Deutschland wurden leider im Jahr 2016 eingestellt, nur aus Österreich fahren sie noch von Wien nach Livorno (www.obb-italia.com). Wer in den Sommermonaten mit dem Autoreisezug oder Nachtzug fahren will, sollte sein Ticket frühzeitig reservieren.

MIT DEM AUTO

Wenn Sie mit dem Auto nach Italien fahren, müssen die Nationalitätskennzeichen (D, A, CH) angebracht sein. Die grüne Versicherungskarte wird empfohlen. Das Mitführen einer Warnweste im Auto ist Pflicht.

Italienische Autobahnen sind mautpflichtig. Am Wochenende und in den Ferien ist rund um Mailand, Bologna und Florenz mit Staus zu rechnen. Auf außerstädtischen Straßen muss man auch tagsüber mit Abblendlicht fahren. Auf Landstraßen gilt ein Tempolimit von 90 km/h, auf Autobahnen und Schnellstraßen darf man zwischen 90 und 130 km/h fahren, bei Regen auf Autobahnen 110 km/h. Halten Sie sich lieber an die Vorschriften, denn Verstöße werden mit drastischen Bußgeldern geahndet.

Lassen Sie nichts im Auto liegen, was Diebe reizen könnte. Stellen Sie es in einer Garage oder auf einem bewachten Parkplatz ab. Es kann auch helfen, das Handschuhfach offen zu lassen, um zu zeigen: Hier ist nichts zu holen. Im Fall eines Diebstahls sollten Sie die Polizei (questura) verständigen, denn Sie brauchen das Protokoll für Ihre Versicherung daheim.

MIT DEM FLUGZEUG

Direktflüge nach Florenz und Pisa gibt es von mehreren deutschen Städten sowie aus Österreich und der Schweiz.

Vom Flughafen in Florenz/Peretola (www.aeroporto.firenze.it) fährt der Airportshuttle »Vola in Bus« etwa alle 30 Min. zum Bahnhof Santa Maria Novella in Florenz (6 €). Busse verkehren auch nach Prato, Pistoia, Montecatini, Lucca, Viareggio und Siena (www.tiemmespa.it); ein Taxi vom Flughafen ins Stadtzentrum kostet 20–25 €.

Vom Flughafen Galileo Galilei in Pisa (www.pisa-airport.com) kommt man mit dem Bus LAM Rossa in ca. 5 Min. zum Bahnhof; ein Taxi in die Stadt kostet zwischen 7 und 10 €. Eine direkte Bahnlinie besteht vom Flughafen Pisa zum Hauptbahnhof Pisa und weiter zum Bahnhof Santa Maria Novella Florenz (stündl.); direkte Buslinien fahren vom Flughafen Pisa nach Florenz (www.terravision.eu und www.autostradale.com), nach Siena (www.sienamobilita.it und www.autostradale.com) sowie nach Lucca und Viareggio/Pietrasanta (www.tiemmespa.it).

REISEN IN DER TOSKANA

MIT DER BAHN

Die Bahn ist relativ preisgünstig, außerdem besser als ihr Ruf und daher ideal für Städtetouren in der Toskana (www.fsitaliane.it). Die Regional- und Lokalbahnen verkehren regelmäßig, und das Streckennetz ist gut ausgebaut. Die Fahrscheine sind vor dem Einsteigen an den gelben Entwertern am Bahnsteig abzustempeln (auch Hin- und Rückfahrkarten vor der Hin- und der Rückfahrt).

MIT DEM AUTO

In vielen Orten ist das *centro storico* (Altstadt) für den privaten Autoverkehr gesperrt. Zentrumsnah parken ist in den größeren Orten gebührenpflichtig (Parkautomaten); meist kennzeichnen blaue Linien Touristenparkplätze, weiße die Parkplätze für Einheimische. In der Hauptsaison sollte man Mietwagen vorab reservieren. Behindertenparkplätze (zumeist gelb markiert) sind überall vorhanden und gut ausgeschildert.

MIT DEM BUS

Die Fahrkarten für innerstädtische Busse bekommt man bei den Verkaufsstellen der Busgesellschaften, an Kiosken, in Bars und *tabacchi*-Läden. Sie müssen im Bus entwertet werden. Überlandbusse verbinden alle Orte der Region, kleinere jedoch nur selten pro Tag. Zwischen manchen Städten, z. B. Florenz und Siena, ist der Bus schneller als der Zug.

- **TIEMME** verbindet Florenz mit dem Meer sowie Florenz–Lucca, Florenz–Viareggio.
  Florenz: am Hbf | Largo Fratelli Alinari | Fahrkartenschalter Tel. 0 55 21 46 37
  Lucca: Piazzale Verdi | Tel. 05 83 58 78 97
  Viareggio: am Lungomare | Piazza d'Azeglio | Tel. 0 58 43 09 96
  Pisa: Piazza San Antonio 1 (Nähe Bahnhof, Busterminal) | Tel. 05 04 62 88
  Siena: Piazza Gramsci | Fußgängerunterführung am Platz La Lizza | Tel. 05 77 20 42 25
  www.tiemmespa.it
- **COPIT:** Provinz Pistoia, Florenz und Lucca
  Pistoia: Via XX Settembre (Bahnhof) | Tel. 05 73 36 32 43 | www.copitspa.it
- **CAP:** Provinz Prato und Florenz
  Prato: Nähe Bahnhof | Piazza Stazione | Tel. 05 74 60 82 35 | www.capautolinee.it
- **LFI:** Provinz Arezzo
  Arezzo: Busterminal am Bahnhof | Via Guido Monaco | Tel. 0 57 53 98 81
  www.lfi.it | www.etruriamobilita.it

An einer *fermata a richiesta* (»Halt auf Anforderung«) halten Busse nur auf deutliches Handzeichen.

FÜR EINEN BESSEREN WEIN

Im Weinberg von Podere di Ripi haben Maschinen nichts zu suchen

EINST TRAFEN SICH ZWEI

»Im Umweltschutz geht es darum, im Kleinen anzufangen – bei uns selbst und in unserer unmittelbaren Umgebung. Also hier.« Sebastian Nasello deutet auf die Weinberge, die vor ihm liegen. Der 32-Jährige stammt aus Siena und entdeckte schon früh seine Passion für die Umwelt … und den Wein. »Als Toskaner bin ich mitten im Wein aufgewachsen und kannte all die vielen Rituale drumherum schon als Kind, von der Ernte bis zu den vielen Festen.« Sebastian war schnell klar, dass Wein der Schlüssel zu einem neuen Verständnis für die Umwelt sein könnte. So entschied er sich, zunächst sechs Jahre Önologie in Siena und weitere drei Jahre in Pisa zu studieren. Anschließend begann er, im Weinbau zu arbeiten.

An dieser Stelle kommt Francesco Illy ins Spiel: Der leidenschaftliche Landschaftsfotograf aus der Triestiner Kaffeedynastie hatte sich Ende der 1990er-Jahre in einen Berghang bei Montalcino verliebt, der bislang noch keine Rebe gesehen hatte. Der Hang gehörte einem Schäfer mit seiner Herde. Francesco war hingerissen: von der Lage, von den jahrhundertealten Olivenbäumen, von der sauberen Luft. Er kaufte dem Schäfer das Grundstück ab. Eine Schnapsidee, fanden alle seine Freunde. Doch Francesco traf Sebastian. Und beide wollten mehr als nur guten Wein machen. Also krempelten sie die Ärmel hoch.

AUTHENTISCHE WEINE ...

»Unser Wein soll unverfälscht seine Herkunft zeigen«, war von Anfang an die Philosophie von Francesco und Sebastian. Das Schlüsselwort lautet »unverfälscht«, denn auf Chemie und sonstige Tricks wollten sie verzichten, sowohl im Weinberg als auch im Keller. »Wir respektieren die Natur, die wir auf diesem Grund vorgefunden haben. Nur so, wenn wir möglichst wenig eingreifen, kommt die Natur wirklich zur Geltung.« Die Natur – das ist hier ein stabiles Ökosystem mit lebendigen mineralischen Böden, auf denen neben Wein auch Gräser, Kräuter und Blumen gedeihen. Vögel, Insekten und Schmetterlinge flattern und krabbeln über das Land, und im Boden tummeln sich ungezählte Kleinstlebewesen. Der respektvolle Umgang mit der Umwelt trägt Früchte: Heute ist das Weingut Podere Le Ripi unter Besitzer Francesco und Weinexperte Sebastian eines der führenden biologischen und biodynamischen Weingüter der Toskana, das Weine mit ganz eigenem Charakter anbaut.

... UND NEUE WEGE

Das ist aber noch nicht alles. Derzeit experimentiert Sebastian mit einem hochspannenden Projekt, nämlich einem »interaktiven Obst- und Gemüsegarten«, wie er es nennt. Sein Ziel ist es, Toskanern und Besuchern wieder bewusst zu machen, dass Äpfel, Oliven und Karotten nicht im Supermarkt in Plastikverpackungen wachsen. Man kann in den Beeten helfen, Baumpaten-schaften übernehmen und ernten. »Das wird unsere größte Herausforderung«, freut sich Sebastian.

GENUSS AUF TOSKANISCH

Und wenn Sebastian einmal nicht im Weinberg steht oder neue Ideen entwickelt? Dann kümmert er sich um seinen Hund Amaro, einen tschechoslowakischen Wolfhund – eine robuste Hunderasse, die im Kalten Krieg aus einer Kreuzung zwischen Schäferhund und Wolf hervorging, um den Grenzschützern in den winterlichen Bergregionen bei ihrer Arbeit zu helfen. Diese Zeiten sind glücklicherweise vorbei, sowohl für die Grenzschützer als auch für die Hunde. Für Amaro ist es wunderbar gelaufen: Statt für den Ostblock zu patrouillieren, liegt er in der warmen toskanischen Herbstsonne, während Sebastian am liebsten eine *fiorentina* genießt. Bestimmt fällt dabei auch ein kleines Stück für Amaro ab ...

- **Weingut Podere Le Ripi**
  Montalcino | Località Le Ripi
  Tel. 05 77 83 56 41
  www.podereleripi.it
- **Idyllium**
  Die Bar in Pienza serviert erstklassige Cocktails in einmaliger Atmosphäre.
  Pienza | Via Gozzante 67 | tgl. 10–02 Uhr
- **La Bandita Townhouse**
  Frischeste Zutaten aus der Umgebung, unverfälschte toskanische Küche, herzliche Atmosphäre. Köstlich: die Tagliolini mit schwarzen Trüffeln oder das Filet vom Chianina-Rind.
  Pienza | Corso Il Rosselino 111
  Tel. 05 78 74 90 05
  www.la-bandita.com | Mo Mittag geschl.

SPORT & AKTIVITÄTEN

Ob für die sportliche Betätigung, für den Wellnessurlaub oder geistige Anregungen, die Toskana hält ein breit gefächertes Programm bereit.

IM UND AUF DEM WASSER

- **Baden** kann man an der ganzen Küste – die Flussmündungen sollte man jedoch aufgrund der Verschmutzung meiden. Von Nord nach Süd wechseln die Strände der Versilia mit den felsigen Buchten der Etruskischen Riviera, um dann in die Strände der Maremma überzugehen.
- **Segelschulen** gibt es 38 an der toskanischen Küste. Infos bei den örtlichen Tourismusbüros sowie unter www.velalinks.it (› Scuole di Vela, Italia).
- **Tauchschulen** finden sich 155 in der Toskana (etwa in Forte dei Marmi, Viareggio, San Vincenzo oder Porto Santo Stefano). Auskünfte bei den Tourismusbüros sowie unter www.sub.it (› Diving Center, Toscana).
- **Rafting-, Kanu- und Kajaktouren** organisiert Aguaraja auf dem Serchio, dem Limentra und der Lima (alle Provinz Lucca), auch in der sanften Version für Familien mit Kindern (Erw. 25 €, Kinder 20 €, Rafting 60 €, ab 7 Teilnehmern 50 €). www.aguaraja.com, Tel. (mobil) 34 83 30 15 93.
- **Rafting und Hydrospeed-Abfahrten** organisiert Rafting H2O (Rafting Erw. ab 30 €, Kinder 25 €, Hydrospeed 45 €). www.raftingh2o.com Tel. (mobil) 33 31 08 11 68

Ewig lang erstreckt sich der Lido di Camaiore bei Viareggio

- Kitesurf-Schulen und -zentren liegen in Vada › S. 124 und Talamone › S. 132.
- Für das **Angeln** in Flüssen benötigt man die Erlaubnis der Provinzialverwaltung (www.fipsas.com; Kinder bis 12 J. gratis; Erw. 15-Tages-Lizenz 10 €). Im Meer darf man ohne Genehmigung angeln.

WANDERN

Das *trekking*, wie die Italiener das Wandern nennen, kommt immer mehr in Mode, das Wegenetz wird ständig ausgebaut. Die Tour **Grande Escursione Appenninica** (kurz GEA) führt in 25 Tagen 400 km durch den toskanischen Apennin.

Frühjahr und Herbst eignen sich zum Wandern am besten, im Sommer ist die Hitze (außer in den Apuanischen Alpen oder am schattigen Amiata) zu groß. Sehr gute Tourbeschreibungen mit Angaben zu Dauer der Wanderung und Schwierigkeitsgraden findet man auf den Internetseiten der örtlichen Touristenbüros.

Auf der **Via Francigena** zogen im Mittelalter die Pilger durch die Toskana nach Rom, heute entwickelt sich der gut ausgeschilderte Wanderweg zur Attraktion, ist aber noch nicht so überlaufen wie die Strecke nach Santiago di Compostela in Spanien. Per pedes kann man so die Toskana in 15 Etappen er-

Die Toskana lässt auch Radlerherzen höher schlagen

wandern, vom Cisa-Pass bis in den Süden Radicofanis (Infos, Karten: www.viefrancigene.org/de).

Born & Hennig Wanderreisen
Organisieren begleitete Wanderungen, z. B. in 7 Tagen von Florenz nach Siena.
• Im Diepental 36 | 40597 Düsseldorf
  Tel. (mobil) 0151 58 37 73 76
  www.italienwandern.com

BUCHTIPP:
Im Verlag Rother sind die **Wanderführer Toskana Nord** (2016) und **Toskana Süd** (2016) mit vielen ausführlichen Beschreibungen erschienen.

RADFAHREN
Längst ist die Region ein beliebtes Revier für Radfahrer. Bei den örtlichen Tourismusbüros erhält man Karten, Auskünfte über Radverleih und ausgeschilderte Touren, auch für Mountainbiker. In bestimmten Regional- und Lokalzügen *(treni regionali* bzw. *treni locali)* kann man die Fahrräder mitnehmen.

Italia Radreisen Girolibero
Der Spezialist für Rad- und Aktivreisen bietet Radtouren in der Toskana an.
• Via Conforto da Costozza 7
  36100 Vicenza | Tel. 04 44 33 07 24
  www.girolibero.de

REITEN
Maneggi (Reitställe) sind in der Toskana weit verbreitet. Auskünfte zu **Reiterferien** erteilen die Tourismusbüros. Besonders gut organisiert ist die Costa degli Etruschi mit 170 km Reitwegen (www.visittuscany.com/en, Suchbegriff horseback)

Im Sattel die Schönheiten des Chianti zu erkunden ist Urlaub pur

GOLFEN
kann man auf dem reizvoll gelegenen Golfplatz Ugolino, 12 km südlich von Florenz, außerdem in Punta Ala, Castelfalfi, Forte dei Marmi, Poggio dei Medici und Terme di Saturnia (alle mindestens 18-Loch-Plätze). Übersicht unter www.federgolftoscana.it (› Golf in Toscana).

THERMALKUREN
bietet in der Toskana nicht allein das noble Thermalbad Montecatini Terme › S. 77, sondern viele weitere Orte. Infos über Anwendungen und Wellnessangebote: www.visittuscany.com (› What to do).

SKIFAHREN
Skigebiete sind in den Bergen um Abetone, Cutigliano und Maresca im Pistoieser Apennin erschlossen. Insgesamt sind 50 km Pisten angelegt und über 30 Lifte in Betrieb. Auch am Monte Amiata kann man

Ski laufen (Skischule, 25 km Pisten und 12 Langlaufspuren).

I.A.T. Abetone Pistoia Montagna Pistoiese ▮ B2
- Piazza Piramidi 502 | 51021 Abetone
  Tel. 05 73 60 23 1
  www.pistoia.turismo.toscana.it

Informazioni e Servizi Turistici ▮ E7
- Via Adua 21
  53021 Abbadia San Salvatore
  Tel. 05 77 77 58 11
  www.terresiena.it/it/amiata
  www.amiataneve.it (Schneesituation)

ITALIENISCH LERNEN

Viele Sprachenschulen bieten Kurse für Ausländer an. Auskunft geben die italienischen Fremdenverkehrsämter > S. 153 und die lokalen Tourismusbüros. Preisgünstig sind meist die Kurse der Universitäten:

Florenz: Centro di Cultura per Stranieri ▮ c1
- Via Francesco Valori 9 | 50132 Firenze
  Tel. 05 52 75 69 38
  www.ccs.unifi.it (Infos auch auf Dt.)

Siena: Università per Stranieri di Siena ▮ c1
- Centro Linguistico
  Via Pispini 1 | 53100 Siena
  Tel. 05 77 24 03 02
- Sekretariat: Piazza Carlo Rosselli 27/28
  Tel. 05 77 24 01 06
  http://cluss.unistrasi.it

Pisa: Università di Pisa ▮ b2
- Centro Linguistico Interdipartimentale
  Via Santa Maria 36 | 56126 Pisa
  Tel. 05 02 21 55 90
  www.cli.unipi.it

MUSIKKURSE

Musica viva Musikferien

Chor-, Gesangs-, Instrumenten-, Jazz- und Kammermusikkurse in Landhäusern.
- Kirchenpfad 6
  65388 Schlangenbad
  Tel. 0 61 29/50 25 60
  www.musica-viva.de

Kloster Sant'Antimo

Gregorianisches Choralsingen und polyphones Singen kann man im Kloster > S. 98 lernen, Infos zu einzelnen Kursen unter www.antimo.it (> Officina Spirituale).

UNTERKUNFT

In einer Renaissance-Villa oder in einem Kastell aus dem 15. Jh. übernachten? Solche Träume kann man in der Toskana verwirklichen — wenn man das nötige Kleingeld hat.

Doch außerhalb der Saison kann ein Apartment in einem herrlich gelegenen Landhaus erstaunlich preisgünstig sein. Die definitiv höchsten Preise zahlt man zur Ferienzeit im August, denn dann machen auch viele italienische Familien Urlaub. In anderen Monaten kann man über Buchungswebsites oft Hotelzimmer zu günstigeren Tarifen finden.

LANDHÄUSER, VILLEN & APARTMENTS

Vermittlung in Deutschland:

Siglinde Fischer
- Ahornweg 10 | 88454 Hochdorf
  Tel. 0 73 55/9 33 60
  www.siglinde-fischer.de

Toscana Landhäuser
- Friedrichstr. 120 | 10117 Berlin
  Tel. 07 31/96 73 30 | www.toskana.de

Benvenuto Toskana
- Hamerweg 147 | 41068 Mönchengladbach
  Tel. 02161/688 44 47
  www.benvenuto-toskana.de

CAMPINGPLÄTZE

gibt es v. a. an der Küste. Im Hochsommer Reservierung empfohlen.

Confederazione Italiana Campeggiatori C3
- Via Vittorio Emanuele 11
  50041 Calenzano | Tel. 0 55 88 23 91
  www.federcampeggio.it

AGRITURISMO

Ferien auf dem Bauernhof in einer sehr komfortablen Variante. Oft gibt es Freizeitangebote, die Verpflegung ist meist ausgezeichnet.
- www.agriturismointoscana.com

JUGENDHERBERGEN

gibt es in Abetone, Cetona, Cortona, Florenz (3), Lucca, Marina di Massa, Prato, Siena und Tavarnelle Val di Pesa. Unbedingt vorher anmelden, denn oft sind die Jugendherbergen von Gruppen belegt.
- www.aighostels.it | www.sienahostel.it

👍 HOTELS MIT FLAIR

- In Volterra hat das **Hotel San Lino** ▮ C5, ehemals ein Nonnenkloster, Zimmer teils im toskanischen ars-povera-Stil, teils mit eleganten Kirschholzmöbeln. Terrasse im Innenhof, Pool (Volterra, Via San Lino 26, Tel. 0 58 88 52 50, www.hotel sanlino.com).
- Direkt am Arno liegt das schöne alte Hotel **Royal Victoria,** ein bisschen Retro, aber mit allem Komfort, ideal für die Pisa-Erkundung. > S. 117
- Nördlich von Carrara übernachtet man im Agriturismo **Costa d'Orsola** ▮ A1 mit herrlichem Panoramablick (Pontremoli, Loc. Orsola, Tel. 01 87 83 33 32, www.costadorsola.it).
- In der mächtigen Rocca der Orsini aus dem 16. Jh. in Sorano, heute **Hotel della Fortezza,** schläft man in alten Burgräumen; jedes Zimmer ist anders eingerichtet, alle bieten eine einmalige Aussicht. > S. 133
- Das **Graziella Patio Hotel** ist ein stilvolles Hotel in einem schön restaurierten Palazzo im Herzen Arezzos, das Wert auf die kleinen Details legt. > S. 141
- Neun Zimmer und zwei Suiten bietet das **Albergo Falterona** in Stia, in einem sorgfältig restaurierten Palazzo des 15. Jhs. Die Atmosphäre ist angenehm, das Personal sehr freundlich. > S. 146

Die Contrada della Selva schwingt
die Fahnen beim Palio in Siena

LAND & LEUTE

STECKBRIEF

- **Fläche:** 22 993 km² (7,7 % der Fläche Italiens, fünftgrößte der 20 italienischen Regionen)
- **Küste:** 600 km
- **Naturschutzgebiete:** 2270 km² (ca. 10 % der Region)
- **Höchste Berge:** Monte Prato 2053 m, Monte Amiata 1738 m
- **Längste Flüsse:** Arno 241 km, Ombrone 161 km, Serchio 103 km
- **Bevölkerung:** 3 742 000 (ca. 6 % der Italiener, 9. Stelle der Regionen)
- **Größte Städte:** Florenz (382 300 Einw.), Prato (192 500 Einw.), Livorno (158 900 Einw.)
- **Landesvorwahl:** 0039
- **Währung:** Euro

- **Weinbau:** 59 800 ha (knapp 3 % der Gesamtfläche)
- **Museen:** In der Toskana liegen 13 % aller italienischen Museen (insges. 553), ca. 6,5 Mio Touristen/Jahr besuchen ein staatliches Museum der Region.

LAGE

Die Toskana liegt in Mittelitalien und grenzt im Westen ans Tyrrhenische Meer, wo sich nördlich Ligurien anschließt. Im Norden und Osten trifft sie im Apennin auf die Emilia-Romagna, im Südosten in den Hügeln des Tiber-Tals auf Umbrien. Das südliche Hügelland der Toskana geht ebenfalls nahtlos nach Umbrien über, an der Küste ins Latium. Vom Hochgebirge bis zur Küstenebene der Maremma, von 2000 m Höhe bis auf den Meeresspiegel erstreckt sich die Landschaftsformation.

WIRTSCHAFT

Die bekanntesten Exportprodukte der Toskana, ihre hervorragenden Weine wie der Chianti, der Brunello oder der Vino Nobile, die zu den 50 DOC- bzw. DOCG-Weinen der Region zählen, und das ausgezeichnete Olivenöl erwecken den Eindruck, die Wirtschaft der Region basiere überwiegend auf Agrarerzeugnissen. Es arbeiten jedoch nur 48 000 Menschen, das heißt 3 % der Erwerbstätigen, in der Landwirtschaft; ein knappes Drittel der Toskaner ist in den Industriebetrieben beschäftigt, die im Arnotal liegen. Wie überall in Europa steckt die Industrie auch in der Toskana in der Krise, in den letzten zehn Jahren gingen viele zehntausend Stellen verloren. Doch Schuhe, Textilien, Leder- und Papierwaren werden dank ihres Designs in viele Länder verkauft. Beinahe 70 % der Toskaner bieten Dienstleistungen an. In dieser Branche sichern jährlich 50 Mio. Übernachtungen (55 % davon Touristen aus dem Ausland) vielen Menschen ihr Auskommen. Dank des Trends zu Nahzielen und Genussreisen hat der Tourismus in den letzten Jahren wieder angezogen.

POLITIK & VERWALTUNG

Die Toskana ist eine der zwanzig italienischen Regionen. Doch die Verfassung lässt den Regionen wenig Raum für eigene Entscheidungen oder Gesetzgebungen und weist ihnen kaum eigene Einnahmen zu.

Die Toskana gliedert sich in zehn Provinzen mit den jeweiligen Hauptstädten Arezzo, Florenz, Grosseto, Livorno, Lucca, Massa Carrara, Pisa, Pistoia, Prato und Siena. Ihnen steht ein vom Staat eingesetzter Präfekt vor, der größere Kompetenzen besitzt als das Parlament der Provinz.

DIE MENSCHEN

Die Bevölkerung der Toskana wählt traditionell links. Ministerpräsident Matteo Renzi, ehemaliger Bürgermeister von Florenz, konnte bei der Volksabstimmung zur neuen Verfassung im Dezember 2016 auf seine Landsleute zählen, auch wenn italienweit das »Nein« gewann und sein politisches Schicksal damit besiegelt war. Nach einigen Wirren ist derzeit (Oktober 2018) eine Regierungskoalition aus einem Mitte-Rechts-Bündnis und der populistischen Cinque-Stelle-Partei an der Macht; Ministerpräsident ist der parteilose Anwalt Giuseppe Conte.

Katholisch? Weniger als die Hälfte aller Brautpaare heiratet in der Kirche (44 %). Aber beliebte Traditionen wie Prozessionen oder die Patronatsfeste zu Ehren der Stadtheiligen werden nach wie vor von allen Bürgern mitgetragen.

NATIONALSPRACHE TOSKANISCH

Die Bevölkerung ist hier ausgesprochen stolz auf ihre Sprache. Dante, Petrarca und Boccaccio – die drei Großen der italienischen Literatur – schrieben in toskanischem (Florentiner) Dialekt, der im 16. Jh. zur allgemein akzeptierten Nationalsprache wurde. Eine Abweichung in der Aussprache kennzeichnet den Toskaner, K-Laute werden mit einem »h« aspiriert, aus der Coca-Cola wird so die »Chocha-Chola«!

Traditionelle Olivenernte – von Hand

GESCHICHTE IM ÜBERBLICK

Um 900 v. Chr. Villanova-Siedlungen entstehen auf dem Gebiet der Toskana.

um 550 v. Chr. Blütezeit des Etruskerreichs unter dem Bund der zwölf Städte.

280 v. Chr. Rom hat alle Etruskerstädte erobert.

5.–7. Jh. n. Chr. Zur Zeit der Völkerwanderung herrschen nacheinander Westgoten, Ostgoten, Byzantiner und Langobarden.

570 Lucca wird Hauptstadt des langobardischen Herzogtums Toskana.

774 Karl der Große erobert das Langobardenreich; die Toskana untersteht dem deutschen Kaiser.

11. Jh. Pisa steigt zur Seemacht im Mittelmeer auf.

12. Jh. Fast alle Städte der Toskana wählen eigene Regierungen.

12.–14. Jh. Es toben heftige Kämpfe zwischen den einzelnen Städten. Vom Mittelmeerraum bis nach Nordeuropa trifft man Toskaner als Kaufleute und Bankiers mit großem Einfluss an.

1406 Mit der Eroberung Pisas gewinnt Florenz Zugang zum Meer.

1434 Cosimo de' Medici übernimmt die Macht in Florenz.

15. Jh. Florenz ist das wichtigste Kulturzentrum Europas; unter Cosimo de' Medici und seinem Enkel Lorenzo il Magnifico erreicht die Renaissance ihren Höhepunkt.

1530 Kaiser Karl V. übergibt die Toskana als Herzogtum an die Medici.

1555 Cosimo I. de' Medici erobert Siena und schließt so den Aufbau eines großen Regionalstaates ab.

1569 Papst Paul V. erhebt Cosimo I. zum Großherzog der Toskana.

1737 Tod des letzten Medici Gian Gastone; die Toskana fällt an Herzog Franz von Lothringen.

1799–1815 Intermezzo von Kaiser Napoleon I.

1847 Die freie Republik Lucca wird Teil des Großherzogtums.

1859–1860 Die Österreicher müssen nach Volksaufständen die Toskana verlassen. Die Bevölkerung wählt den Anschluss an das Königreich Sardinien-Piemont.

1865 Florenz wird Hauptstadt des neuen Königreichs Italien und behält diesen Status bis 1871.

1944 Der deutsche Verteidigungswall im Apennin verläuft an der Nordgrenze der Toskana, die so zum Kampfgebiet wird.

1966 Eine Hochwasserkatastrophe sucht Florenz heim.

1970 15 neue Regionen entstehen, u. a. die Toskana. Aus den ersten Regionalwahlen gehen die Kommunisten als Sieger hervor.

2016 Die Italiener votieren im Dezember beim Verfassungsreferendum mit Nein. Matteo Renzi tritt zurück.

2018 Gemäßigte Rechte und Populisten schließen erstmals ein Regierungsbündnis, zum Ministerpräsidenten wird der parteilose Giuseppe Conte gewählt.

NATUR & UMWELT

Die Toskana gehört zu den schönsten Kulturlandschaften Europas. Ihre über Jahrhunderte von Menschenhand geformte Natur zieht sich heute wie ein großer Park über die Hügel.

Malerische Landschaft bei Volterra

Die Vegetationsformen entsprechen den unterschiedlichen Bodentypen und Höhenlagen: Von der Palme zum Hochgebirgswald, von mit Macchia bewachsenen Hügeln zu den fast wüstenhaft wirkenden Crete im Süden Sienas, Schirmpinien an den Stränden und Krüppelkiefern an steilen Berghängen – alles liegt nah beieinander.

Als erstes Naturschutzgebiet entstand in der Maremma 1975 der heutige Parco Regionale della Maremma. Der mit 540 km² größte Naturpark liegt in den Apuanischen Alpen, der jüngste existiert seit 2001 im toskanisch-emilianischen Apennin. Den größten Meerespark des Mittelmeers bildet der Nationalpark Toskanischer Archipel mit 567 km² Meer und 178 km² Land.

Die Luftverschmutzung ist *das* Umweltproblem der Toskana. Verursacher Nummer eins sind Verkehrsabgase. Der besonders gefährliche Feinstaub überschreitet in Florenz wie auch in den anderen Provinzhauptstädten die gesetzlichen Grenzwerte von 50 µg/m³ zu oft. Gegenmaßnahmen, wie Fahrverbote für Autos an bestimmten Tagen, helfen nur kurzfristig. Bei der Bevölkerung beliebt sind die sogenannten Ökosonntage.

KUNST & KULTUR

WIE ALLES BEGANN

Die ältesten Kunstwerke der Toskana stellten Siedler in der Lunigiana vor 4000 Jahren her. Welche Funktion diese Stelen genau besaßen, weiß man heute nicht mehr – wundersam muten sie den Betrachter im Stelen-Museum von Pontremoli ▮ A1 an (Okt.–Mai tgl. 9.30–17.30, Juni, Juli, Sept. 10 bis 18.30, Aug. 10–19.30 Uhr, 7 €, erm. 4 €; www.statuestele.org).

DIE ETRUSKER

Auf ihren Graburnen lächeln die Toten der Etrusker zunächst statisch nach griechischem Vorbild. Doch ab dem 5./4. Jh. erhielten sie realistische Züge. So mancher Etrusker im Museum von Chiusi ist sogar richtig hässlich! Der ausgeprägte Totenkult führte zur Errichtung riesiger Nekropolen. Den Verstorbenen gab man alles mit ins Grab, was sie auch im Leben besaßen und liebten, u. a. Waffen, Schmuck, Gefäße. Die bedeutendsten archäologischen Museen finden sich in Florenz, Volterra, Arezzo, Chiusi und Grosseto, die schönsten Grabhügel in Populonia, Vetulonia und Chiusi; in Roselle, nördlich von Grosseto, sind die Ruinen einer etruskischen Stadt zu besichtigen.

DIE RÖMER

Die Römer hinterließen der Toskana einige Amphitheater wie in Fiesole, Roselle, Volterra und Arezzo. Ihre Kunst bewundert man in vielen archäologischen Museen – und in Kirchen. Man verwendete Kapitelle, Säulen, Marmorplatten (selbst mit Inschriften) und sogar Sarkophage wieder.

Die römischen Basiliken, die Gerichtssitzungen dienten, beeinflussten auf ganz eigene Weise das Bauen im Mittelalter: Sie wurden mit ihrem hohen Langhaus, den drei durch Säulenreihen abgetrennten Schiffen und dem nach unten offenen Dachstuhl Vorbild für die christlichen Kirchenbauten.

DIE ROMANIK

Unzählige romanische Landkirchen in der Toskana weisen die einfache basilikale Form auf. Ihre Schlichtheit fasziniert ebenso wie die Fabelwesen, Monster und Drachen auf den Kapitellen und Reliefs.

Die aufstrebenden Städte gaben sich im Mittelalter mit kleinen Kirchenbauten nicht mehr zufrieden. In Pisa entstand ein prächtiger romanischer Dom, Ausdruck des Stolzes der Bürger und der Macht der Kommune. Ähnliches gilt für die Kirchen San Michele in Foro in Lucca › S. 119 und San Miniato al Monte › S. 55 in Florenz sowie das Baptisterium › S. 55, die zu den bedeutendsten Bauten der Florentiner Romanik gehören.

In der Bildhauerei steht Nicola Pisano (um 1220–1278) am Ende der Romanik. Seine Kanzeln im Baptisterium von Pisa › S. 114 und im Dom von

Siena › S. 87 bilden den Übergang zur Gotik. Sein Sohn Giovanni (um 1245–1314) schuf die Kanzeln im Dom von Pisa › S. 113 und in Sant'Andrea in Pistoia › S. 78. Erstmals treten Künstlerpersönlichkeiten mit eigenem Stil hervor, nicht mehr nur anonyme Handwerker.

DIE GOTIK

Die Gotik kam mit den Zisterziensern. Bei den neu gegründeten Orden, den Franziskanern, Dominikanern und Augustinern, fand dieser Stil beim Kirchenbau Zuspruch. Breite Langhäuser, nach unten offene Dachstühle, aneinandergereihte Querhauskapellen zeichnen die Ordenskirchen aus. Auch Spitzbogenfenster sind vorhanden, doch fehlt das Streben der Architektur in den Himmel, wie bei deutschen oder französischen Kathedralen, denkt man an San Francesco in Pisa, San Domenico in Siena, San Francesco in Arezzo.

Domenico Ghirlandaio, »Trauer um die Hl. Fina« (1473–75), Fresko in der Collegiata in San Gimignano

Ein neues Ideal, die Predigt an das Volk, stand hinter den weiträumigen Saalkirchen. Selbst die Wände wurden in diesem Sinne genutzt: Die großartigen Fresken, die man heute sieht, boten den Menschen, die nicht lesen konnten, einst eine Art »Bibel zum Anschauen« – idealtypisch zu sehen in der Collegiata in San Gimignano.

Die Malerei tritt nun in den Vordergrund: *al fresco*, auf den feuchten Putz, wurde gemalt. Das Erbe der Byzantiner, sichtbar in den bemalten Holzkreuzen mit ihren starren Körpern und den stilisierten Gesichtern, wurde in Siena von der Gotik überwunden. Maler wie Duccio (um 1255 bis 1319), Simone Martini (1284–1344), Pietro (1280 bis ca. 1345) und Ambrogio Lorenzetti (1290–1348) sind ihre Protagonisten. In Florenz war es Giotto (1266–1337), dessen Werke von der Gotik zur Renaissance wiesen.

DIE RENAISSANCE

Zu den bedeutendsten Künstlern der Renaissance zählt der Architekt und Baumeister Filippo Brunelleschi (1377–1446). Antike Vorbilder liegen seinen perfekt geplanten, harmonischen Räumen zugrunde, darunter die Cappella Pazzi (Santa Croce, Florenz › S. 63). Die Verbreitung der mathematisch konstruierten Perspektive – die auf Brunelleschi zurückgeht – ließ die Bilder

Sandro Botticelli, »Geburt der Venus« (1485/86), Florenz, in den Uffizien

räumliche Tiefe gewinnen. Masaccio (1401–1428) setzte als Erster diese Wirkung im Trinitätsfresko in Santa Maria Novella › S. 60 um und in der Brancacci-Kapelle in der Florentiner Kirche Santa Maria del Carmine. Benozzo Gozzoli (1420–1498) erzählte farbenreiche Geschichten (Palazzo Medici-Riccardi, Florenz), Ghirlandaio (1449–1494) porträtierte die High Society um Lorenzo il Magnifico in seinen Fresken in Santa Trinità. Ungebrochen ist die Faszination der Werke Botticellis, die in den Uffizien zu bewundern sind › S. 58.

Donatello (1386–1466) schuf mit seinem David (Bargello › S. 64) den ersten frei stehenden Akt seit der Antike. Lorenzo Ghiberti (1378–1455) erlangte Unsterblichkeit mit den Baptisteriumstüren in Florenz, Luca della Robbia (1399–1482) mit der Sängerkanzel (Dombaumuseum › S. 56), der Sienese Jacopo della Quercia (1367–1438) mit seiner Ilaria (Dom von Lucca › S. 118). Mit Leonardo da Vinci (1452–1521) und Michelangelo (1475 bis 1564) erreichte die Renaissance in Florenz ihren schöpferischen Zenit. Beide standen übrigens in erbitterter, aber fruchtbarer Konkurrenz: Der souveräne, überall beliebte Leonardo und der junge, sperrige Michelangelo konnten einander nicht ausstehen. Die Kunstgeschichte dankt es ihnen.

Der wirtschaftliche und politische Niedergang von Florenz – und damit der Toskana – wirkte sich negativ auf das Kunstschaffen aus. Die mächtigen Familien traten zunehmend als Auftraggeber in den Hintergrund, eine eigenständige Kunstszene existierte nicht mehr. Zum ersten Mal hatte ein Ausländer, der Flame Giambologna (1529–1608), Erfolg in Florenz.

DIE MACCHIAIOLI

Erst zur Mitte des 19. Jhs. traten toskanische Künstler wieder in die erste Reihe. In Florenz nahmen demokratisch gesinnte Maler soziale Themen und Landschaften ins Repertoire. Zu den wichtigsten Vertretern der neuen Maltechnik mittels Farbflecken (ital. *macchia* = Fleck) gehörten der Florentiner Telemaco Signorini (1835–1901) und der aus Livorno stammende Giovanni Fattori (1825–1908). Ihre Bilder bewundert man heute in der Galleria d'Arte Moderna (Palazzo Pitti, Florenz › S. 59) und im Museo Civico Giovanni Fattori, Livorno (Villa Mimbelli, Via S. Jacopo in Acquaviva 65, Di–So 10–13, 16–19 Uhr).

FESTE & VERANSTALTUNGEN

FESTKALENDER

Ostern: Beim **Scoppio del Carro** in Florenz wird am Ostersonntag ein geschmückter, mit Feuerwerkskörpern beladener Wagen *(carro)* von weißen Ochsen von der Via del Prato bis vor das Baptisterium gezogen. Beim Gloria der Auferstehungsmesse fliegt vom Dom aus eine mechanische Taube zum Karren. Entzündet sie das Feuerwerk, wird es ein gutes Jahr.

Mai/September: Im Mai ziehen beim **Palio della Balestra** Armbrustschützen aus Sansepolcro nach Gubbio (Umbrien), um dort zu Ehren des Schutzpatrons Sant'Ubaldo zu streiten. Am zweiten Sonntag im September erwidern Schützen aus Gubbio den Besuch und schlagen sich in Sansepolcro für den Schutzheiligen Sant'Egidio.

Juni: In Pisa findet das »Brückenspiel«, **Gioco del Ponte,** am letzten Samstag oder Sonntag im Juni statt. Nach einem bunten Umzug schieben jeweils drei Mannschaften pro Flussseite ein auf Schienen montiertes Gestell, um den Ponte di Mezzo zu erobern. Der Gioco del Ponte ist Höhepunkt des *Giugno Pisano,* des Juni in Pisa. Zu ihm gehören auch eine Regatta und die Kerzenbeleuchtung der Arno-Ufer am 16. Juni,

dem Vorabend des Festtags des Stadtpatrons San Ranieri.

Juni/September: Am vorletzten Samstag im Juni und am ersten Sonntag im September findet das Sarazenenturnier **Giostra del Saracino,** ein historisches Ritterspiel, in Arezzo auf der Piazza Grande statt. Jedes Stadtviertel stellt zwei »Ritter« in alten Rüstungen, die mit einer Lanze gegen den Sarazenen (eine Holzpuppe) reiten.

Juli: Der heilige Jakob ist der Patron von Pistoia. An seinem Festtag, dem 25. Juli, bestreiten 12 Ritter nach einem Umzug in historischen Kostümen ein Turnier, **Giostra dell'Orso,** bei dem sie zwei stilisierte Bärenfiguren mit Lanzen zu treffen versuchen. Der Bär *(orso)* ist das Wappentier Pistoias und das Turnier ist der Höhepunkt des *Luglio Pistoiese,* des Juli in Pistoia.

Juli/August: Am 2. Juli und am 16. August ist der Campo in Siena Schauplatz des **Palio delle Contrade.** An dem berühmten Pferderennen nehmen jeweils zehn der 17 Stadtviertel *(contrade)* teil, ihm geht ein farbenprächtiger Umzug in historischen Gewändern des 14. Jhs. voraus, es folgt das Siegesfest.

ESSEN & TRINKEN

OLIVENÖL & GEWÜRZE

Die Basis der toskanischen Küche ist Öl. Und zwar nicht irgendein Öl, sondern das hervorragende *olio d'oliva extra vergine*. Seine Farbe reicht von Gold bis Gelb mit grünlichen Reflexen. Die Oliven werden zunächst mechanisch gepresst, danach wird das Öl filtriert und sedimentiert. Chemische Manipulationen sind streng verboten. Jedes Olivenöl hat seinen eigenen, charakteristischen Geschmack: fruchtig, mild, nach Heu oder leicht bitter.

Reichlich Olivenöl und Gewürze wie Rosmarin und Salbei, Thymian, Basilikum, Petersilie, aber auch Knoblauch und Zwiebeln verwendet die toskanische Küche. Man liebt es einfach und deftig: geröstetes, mit Olivenöl getränktes Knoblauchbrot *(fettunta)*, Getreidesuppe *(farro)*, ein handfestes Stück Fleisch vom Grill *(bistecca alla fiorentina)* oder Feldsalat *(lattughella)* sind traditionelle toskanische Gerichte.

ANTIPASTI

Typische *antipasti* (Vorspeisen) sind *crostini* (geröstete Brote mit Leberpastete) oder das Knoblauchbrot *fettunta*. Ausgezeichnet schmeckt die toskanische Salami, z. B. *finocchiona* (mit Fenchelsamen), in der Kombination mit reifen Feigen und etwas Pecorino ein Gedicht! Unter den Würsten gelten vor allem die Wildschweinwürstchen *(salsiccie di cinghiale)* als Delikatesse.

PRIMI PIATTI

Suppen sind als *primi piatti* (erster Gang) sehr beliebt: *ribollita*, eine Suppe, die aus Gemüse, Kohl und Brot besteht und mit Olivenöl abgeschmeckt wird, *pasta e fagioli* (Nudeleintopf mit Bohnen), oder die Getreidesuppe *(farro)*. *Pappardelle* mit Hasenragoutsoße *(sugo di lepre)* sind *das* Nudelgericht der Toskana. Pasta zählt – entgegen der Meinung vieler Touristen – nicht zu den

---

💬 ESSFEST(E)

Sagre – Feste der Völlerei: *Sagre* sind Essfeste, die einem landwirtschaftlichen Produkt oder einer kulinarischen Spezialität gewidmet sind: Man feiert die *Sagra della fragola* (Fest der Erdbeere), *Sagra del tortello* (der gefüllten Nudel), *Sagra del cinghiale* (des Wildschweins), *Sagra del fungo* (des Pilzes) etc. Nirgends in Italien liebt man diese Volksfeste, meist von Musik und Tanz begleitet, so sehr wie in der Toskana, und nirgends werden so viele veranstaltet! In angenehmer Gesellschaft gut zu essen und zu trinken gehört zu den Lieblingsbeschäftigungen der Toskaner, und genau das kann man bei einer *Sagra*, und zwar meist relativ preiswert!

Ein paar Tropfen feinstes Olivenöl veredeln jedes Gericht

Hauptgerichten, sondern zu den *primi piatti*. Wundern Sie sich also nicht, wenn das bestellte Pastagericht nicht ganz so üppig ausfällt, wie Sie es von Ihrem italienischen Lieblingsrestaurant in Deutschland kennen: Der Italiener wird nach der Pasta noch ein *secondo*, einen zweiten Gang, bestellen. Vor allem in teuren Restaurants wird es noch immer nicht gern gesehen, wenn Sie sich auf ein Pasta-Gericht beschränken.

HAUPTGERICHTE

Fleisch und nochmals Fleisch: Vegetarier tun sich bei den *secondi*, den Hauptspeisen der toskanischen Küche, schwer. Trösten können sie sich mit einem *tortino di carciofi*, gebackenen Artischocken, die mit verquirltem Ei und duftenden Kräutern zubereitet werden, oder auch Pilzen vom Holzkohlengrill *(funghi alla griglia)*.

Die *bistecca alla fiorentina*, ein über dem Holzkohlenfeuer gebratenes Rindfleischstück von ca. 500 g, das mit feinstem Olivenöl, Salz und Pfeffer angerichtet wird, kann man sich gut zu zweit teilen. › mehr S. 14 Punkt ⑭

Aus Wildbret wie Hase *(lepre)*, Fasan *(fagiano)* und Wildschwein *(cinghiale)* werden neben Pastasoßen *(ragùs)*, die stundenlang im Ofen schmoren, ausgezeichnete Eintöpfe *(in umido)* zubereitet.

Cantuccini schmecken zum Vin Santo

Die Toskaner haben eine große Vorliebe für Innereien. *Fegato* (Leber) ist auf vielen Speisekarten zu finden, und sei es auf den *crostini* der Vorspeise. Die *trippa alla fiorentina,* gekochte Kutteln in einer Tomatensoße, sind vielleicht nicht jedermanns Geschmack.

An der Küste gibt es natürlich Fische und Muscheln aller Art: *Cacciucco alla livornese,* eine reichhaltige Suppe aus vielen Fischsorten und Schalentieren, serviert mit geröstetem Knoblauchbrot, ist besonders fein, und auch Meerbarben *(triglie alla livornese)* sind ein Gedicht.

BEILAGEN & NACHTISCH

Neben klassischen Beilagen *(contorni)* wie Pommes frites *(patate fritte),* Salat *(insalata)* oder Gemüse *(verdura cotta)* sind weiße Bohnen in Tomatensoße, *fagioli all'uccelletto,* oder grüne Bohnen *(fagiolini)* eine toskanische Spezialität. Als Nachtisch lässt man sich den *pecorino* (Schafskäse) munden. Und zum Schluss: *dolci* – Süßspeisen. Traditionell werden Cantuccini (Mandelgebäck) in Vin Santo, den toskanischen Dessertwein, getaucht. Und was wäre ein Essen ohne den obligatorischen Espresso und den Grappa oder Amaro danach?

💬 DER CHIANTI

Das klassische Anbaugebiet des Chianti (sprich: kiánti) liegt zwischen Florenz und Siena. 1984 erhielt dieser Wein als Chianti Classico das höchste Gütezeichen in Italien: DOCG (*Denominazione di Origine Controllata e Garantita* – kontrollierte und garantierte Ursprungsbezeichnung). Als Markenzeichen wählte sich der Erzeugerverband des Chianti Classico den schwarzen Hahn. Den Namen *Gallo Nero* › S. 11 musste der Verband wegen eines internationalen Rechtsstreits ablegen; heute nennt er sich *Marchio Storico*. Viele Erzeuger setzen auf »reinrassig« rote Sorten, obwohl die Chianti-Tradition eigentlich auch einen Anteil an weißen Trauben verlangt (2–5 %). Die Winzer verbanden die Cabernet-Rebe mit der traditionellen Sangiovese-Traube und kreierten so neue, überzeugende, moderne Weine im traditionellen Chianti-Gebiet, die nun auch wieder in Fässern reifen. Weitere Informationen im Internet unter: www.chianticlassico.com.

WASSER & WEIN

Zum Essen trinkt man Mineralwasser *(acqua minerale)* mit Kohlensäure *(acqua gasata)* oder ohne *(acqua naturale),* in erster Linie aber Wein. Weltberühmt ist der Chianti aus der gleichnamigen Region südlich von Florenz. Die Weine der Rebsorten, die auch auf den Hügeln *(colli)* um Arezzo, Florenz, Siena und Pisa gezogen werden, sind von einem tiefen Rubinrot. Den **Chianti Classico** aus dem Anbaugebiet zwischen Florenz und Siena kennzeichnet der schwarze Hahn auf der Banderole › S. 11.

Spitzenweine sind neben dem Chianti der **Brunello di Montalcino,** einer der weltbesten Rotweine, der in der Gegend um Montalcino › S. 97 produziert wird, oder der ausgezeichnete **Vino Nobile di Montepulciano** aus dem Gebiet südlich von Siena › S. 100. Den **Novello,** einen Rotwein der neuen Ernte mit vollem Aroma und beinahe violetter Farbe, trinkt man ab November. Zu den bedeutendsten Weißweinen gehört der **Vernaccia** › S. 98 aus San Gimignano › S. 91.

Eine Spezialität der Toscana ist auch der Dessertwein Vin Santo, der oft zusammen mit dem Mandelgebäck Cantuccini genossen wird.

Dass die Toskana nicht nur im Anbaugebiet zwischen Florenz und Siena, sondern auch in der Maremma (Morellino di Scansano, Bianco di Pitigliano) und in der abgelegenen Provinz von Livorno Spitzenweine hervorbringt, beweist Weinliebhabern ein Ausflug in das Hinterland der Etruskischen Riviera › S. 110.

DEFTIGE REGIONALKÜCHE

- Eine typische Arbeitertrattoria, bei der die Touristen Schlange stehen: das **Mario,** mit traditioneller, einfacher Florentiner Küche, etwa dem *coniglio fritto* (frittiertes Kaninchen). › S. 62
- Jahreszeitliche Produkte bestimmen die Speisekarte der **Osteria Cibbè** in Prato. Ein besonderes Augenmerk gilt traditionellen, lokalen Gerichten, etwa Pappardelle mit Wildbret – all das in ungezwungener Atmosphäre. › S. 74
- **Da Mario** €–€€ ▮ D6: Eine echte toskanische Trattoria, familiär, mit guter traditioneller Hausmannskost, liegt etwas westlich vom Monte Oliveto Maggiore. Reservieren! (Buonconvento, Via Soccini 60, Tel. 05 77 80 61 57, Sa und im Aug. geschl.).
- **Da Giulio in Pelleria** €€ ▮ B3: Serviert die klassischen Gerichte der Westtoskana: Probieren Sie die Getreidesuppen und das Pferdetatar. Unbedingt reservieren (Lucca, Via delle Conce 45/47, Tel. 0 58 35 59 48, So außer 3. So im Monat geschl.).
- **La Torre di Gnicche** In diesem kleinen Lokal in Arezzo achtet man bei der Zubereitung auf frische Produkte, die der Aretiner Küche ihren feinen Geschmack geben. Probieren Sie die toskanischen Suppen wie die *acquacotta* des Casentino; große Weinauswahl; reservieren! › S. 141

Schon von Weitem sieht man die
Geschlechtertürme von San Gimignano

TOUREN & SEHENSWERTES

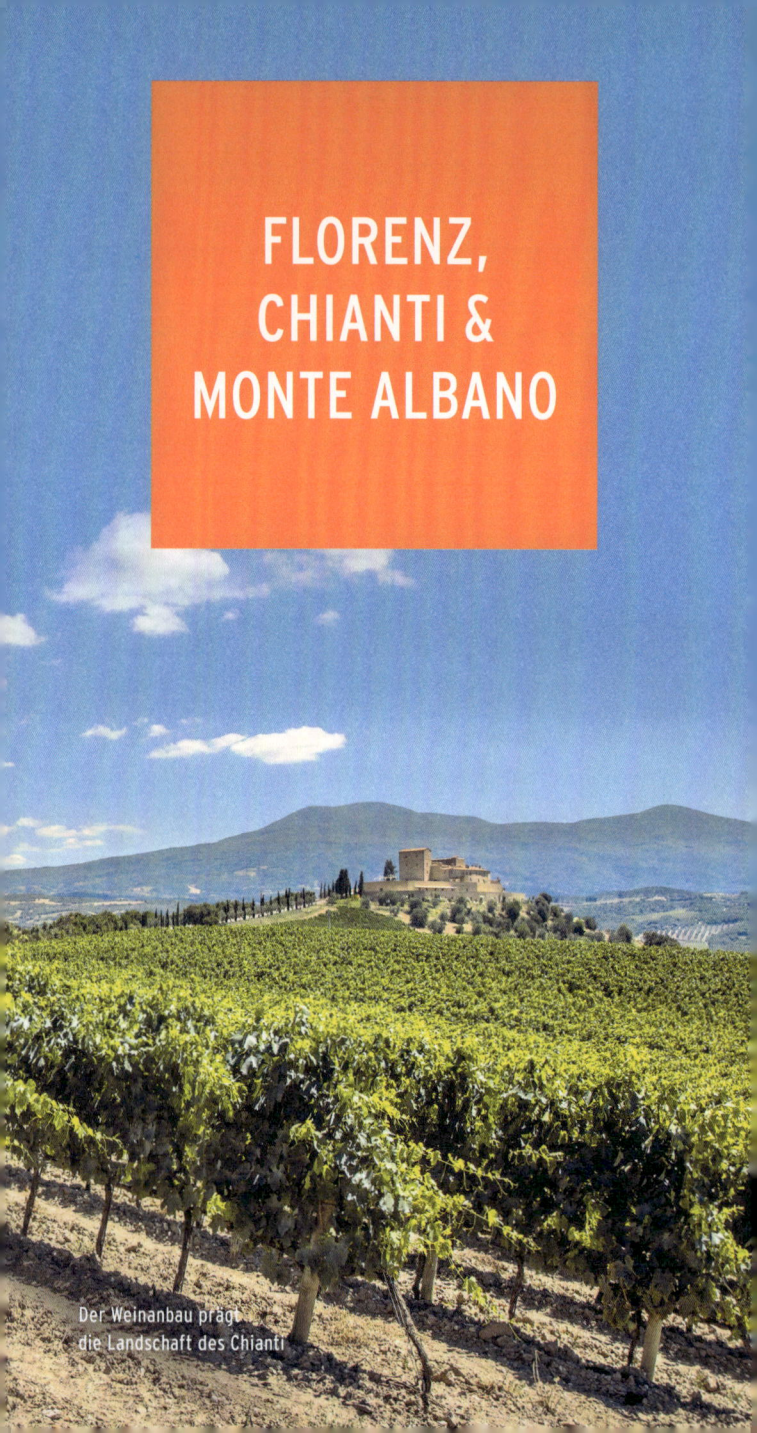

FLORENZ, CHIANTI & MONTE ALBANO

Der Weinanbau prägt die Landschaft des Chianti

Die Kunststadt Florenz muss man einfach gesehen haben. Im Hügelland des Chianti warten Burgen und Kirchen auf Besucher. Der Monte Albano lädt zum Wandern ein, und Prato und Pistoia bieten hochkarätige Kunst.

Florenz, die Hauptstadt der Toskana, ist neben Rom und Venedig die bedeutendste Kunststadt Italiens. Alle Renaissance-Künstler schufen hier Meisterwerke. Die Stadt vereint Kunst und Kultur vergangener Epochen mit der Eleganz und Liebenswürdigkeit ihrer Bewohner. Um die vielen Sehenswürdigkeiten reißt der der Strom der Touristen von Ostern bis Oktober nie ab. Doch abseits von Dom und Piazza della Signoria entdeckt man eine Großstadt, die an vielen Ecken dörflichen Charme besitzt. Das malerische Anbaugebiet des **Chianti** zwischen Florenz und Siena ist ein weithin bewaldetes Hügelland, in dem Olivenbäume und Weinreben, anmutige Städtchen und wehrhafte Burgen die Akzente setzen. Winzer laden mit dem Schild *vendita diretta* zum Probieren ein, viele Agriturismus-Betriebe bieten Zimmer und Apartments an. Die Landschaft durchstreifen, die Natur erleben und immer wieder ein romantisches Kirchlein oder eine freundliche Trattoria entdecken: Das ist Urlaub im Chianti – nicht anders als am **Monte Albano,** wo die prachtvollen Villen der Medici, die Orte Vinci, Montelupo Fiorentino, Carmignano oder auch das Thermalbad Montecatini Terme warten. Die Provinzhauptstädte Prato und Pistoia präsentieren hochkarätige Kunstschätze aus Mittelalter und Renaissance.

Blick auf den Ponte Vecchio in Florenz, die älteste Brücke über den Arno

TOUREN IN DER REGION

TOUR 1

VON FLORENZ INS CHIANTI

ROUTE: Florenz › Impruneta › Greve in Chianti › Panzano › Castellina in Chianti › Radda in Chianti › Badia a Coltibuono › Gaiole in Chianti › Castello di Brolio › Castelnuovo Berardenga › Siena

KARTE: Seite 53
DAUER: 4–6 Tage; 115 km
PRAKTISCHE HINWEISE:

- In Florenz erreicht man alle Sehenswürdigkeiten bequem zu Fuß.
- Für die Tour ins Chianti ist ein Pkw notwendig; alle Orte werden zwar auch von Bussen angefahren, aufgrund der Fahrpläne würde die Tour aber mindestens dreimal so lange dauern (www.acvbus.it für Chianti fiorentino, www.trainspa.it für Chianti senese).
- Eine Alternative zum eigenen Pkw: Das Infobüro Terre Siena › S. 89 organisiert Bus-Rundfahrten ins Chianti.
- Auch mit dem Fahrrad lässt sich das Chianti gut besuchen; Tourvorschläge s. Impruneta › S. 68 und Greve in Chianti › S. 69; Tour im Chianti senese (Chianti Classic 2013, 199 km) unter www.terresiena.it/en/bici (auf Ital./Engl.).

TOUR-START:

Florenz **1** › S. 55 wartet mit einer solchen Fülle von Sehenswürdigkeiten auf, dass man sich ohne Weiteres mehrere Wochen Zeit für einen Aufenthalt nehmen könnte! Von der toskanischen Metropole führt Sie die Tour in die Chianti-Region, die aktive oder erholsame Ferien bietet, ganz nach Wunsch. Weinprobe und -kauf sollten dabei nicht zu kurz kommen! Am Eingangstor ins Chianti liegt das Keramik-Städtchen **Impruneta** **3** › S. 68 – hier lohnt der Einkauf! Hinter Impruneta trifft man bei **Strada in Chianti** auf die **Chiantigiana,** › mehr S. 15 Punkt **21**, eine der landschaftlich schönsten Strecken der Toskana. Sie führt auch in den Hauptort der Region, in das anmutige **Greve in Chianti** **4** › S. 68, mit der fotogenen Piazza Matteotti. In dem Ort sollte man sich Zeit lassen, um die Weine und lokalen Spezialitäten zu probieren. Am nächsten Tag besichtigt man in **Panzano** **5** › S. 70 die romanische Kirche San Leolino, wandert in **Castellina in Chianti** **6** › S. 70 die Hauptgasse hinauf und kommt ins historische Städtchen **Radda in Chianti** **7** › S. 71. Die angenehme Atmosphäre rund um den Palazzo del Podestà lädt zum Verweilen. Über die einsam gelegene alte Abtei **Badia a Coltibuono** **8** › S. 71 kurvt man am nächsten Tag durch eine herrliche Landschaft nach **Gaiole in Chianti** **9** › S. 71 und dann weiter zum **Castello di Bro-**

TOUREN IM CHIANTI UND AM MONTE ALBANO

TOUR ❶

VON FLORENZ INS CHIANTI

Florenz > Impruneta > Greve in Chianti
> Panzano > Castellina in Chianti >
Radda in Chianti > Badia a Coltibuono
> Gaiole in Chianti > Castello di Brolio >
Castelnuovo Berardenga > Siena

TOUR ❷

AM MONTE ALBANO

Artimino > Montelupo Fiorentino >
Vinci > Carmignano > Poggio a Caiano
> Prato > Pistoia > Montecatini Terme

lio **10** ▸ S. 71, das eine Aussicht bis zum Monte Amiata bereit hält. Hügelkuppe um Hügelkuppe nähert man sich schließlich über **Castelnuovo Berardenga** **11** ▸ S. 71 dem Ziel **Siena** ▸ S. 86.

TOUR 2

AM MONTE ALBANO

ROUTE: Artimino ▸ Montelupo Fiorentino ▸ Vinci ▸ Carmignano ▸ Poggio a Caiano ▸ Prato ▸ Pistoia ▸ Montecatini Terme

---

KARTE: Seite 53
DAUER: 5 Tage (ohne Wandern oder Biken); 86 km
PRAKTISCHE HINWEISE:
- Prato, Pistoia und Montecatini Terme liegen an der Bahnstrecke von Florenz nach Lucca. Ein Pkw ist für diese Tour günstiger. Zwar werden alle Orte auch von Bussen angefahren, doch die Reise wird dann sehr umständlich (www.piubus.it, www.blubus.it, www.vaibus.com, www.capautolinee.it).
- In Prato sind fast alle Museen dienstags geschlossen.

TOUR-START:

Die sich auf 633 m erhebende Hügelkette Monte Albano im Westen von Florenz wird erst in den letzten Jahren für naturnahe Ferien entdeckt. Ausgeschilderte Wanderwege erschließen das 16 000 ha umfassende Gebiet des Monte Albano (Infos und Karten unter www.montalbano.toscana.it). Ausgangspunkt der Tour ist **Artimino** **16** ▸ S. 76, das zur Besichtigung des kleinen archäologischen Museums im Ort und zu einem Spaziergang zum nahen Medici-Jagdschloss **La Ferdinanda** einlädt. Am Nachmittag holen Sie sich in **Montelupo Fiorentino** **17** ▸ S. 77 im Museo della Ceramica Anregungen für das anschließende Keramik-Shopping. Am zweiten Tag geht es hinauf in das kleine **Vinci** **15** ▸ S. 76, den Geburtsort des Renaissance-Genies Leonardo da Vinci, mit dem Museo Leonardiano im aus dem 12. Jh. stammenden Guidi-Kastell und dem Museo Ideale Leonardiano in den unterirdischen Räumen der Burg. Nach einer Mittagspause bietet sich die Gelegenheit, im etwa 2 km weiter nördlich gelegenen **Anchiano** ▸ S. 76 da Vincis Geburtshaus zu besuchen. Weiter geht es in das ganz vom Wein geprägte Städtchen **Carmignano** **14** ▸ S. 75. Hier warten die mächtige Rocca, ein Weinbaumuseum und die Kirche San Michele mit einem Meisterwerk des Florentiners Jacopo da Pontormo auf Sie – und leibliche Genüsse: der exzellente Rotwein und die hochgeschätzten getrockneten Feigen. Am dritten Tag führt Sie die Reise zur prachtvollen Medici-Villa in **Poggio a Caiano** **13** ▸ S. 74, mit dem ersten Stillleben-Museum Italiens. Der schöne Garten lädt zu einem Spaziergang ein. Nach dem Mittagessen besuchen Sie die Provinzhauptstadt **Prato** **12** ▸ S. 72, begeistern sich im

Dom an den Fresken Filippo Lippis, bewundern die Architektur der Renaissance-Kirche Santa Maria delle Carceri, die einzige Stauferburg Mittelitaliens und die gotischen Fresken in San Francesco. Auch locken kulinarische Spezialitäten: Erstehen Sie die originalen Prateser Cantuccini bei Mattei, und genießen Sie ein Abendessen mit klassischen Gerichten aus der Region. Die Qual der Wahl hat man am nächsten Tag bei der Vielzahl der Museen in Prato, darunter das Museo del Tessuto mit kostbaren Stoffen und das Museo Luigi Pecci mit hervor-

ragend kuratierten Ausstellungen zeitgenössischer Kunst.

Nach einer Übernachtung in Prato reisen Sie nach **Pistoia** 19 › S. 78, das versteckt hinter seinen Stadtmauern aus dem 14. Jh. von den meisten Touristen unentdeckt bleibt – trotz seiner herrlichen Kirchenbauten, seiner netten Altstadt und den feinen Kunstschätzen, die auch Zeitgenössisches aufweisen. Am folgenden Tag geht es über **Serravalle Pistoiese,** San Gimignanos kleine Schwester, in die vornehme Kurstadt **Montecatini Terme** 18 › S. 77.

UNTERWEGS IN FLORENZ 1 ▮ D3

BLICK VON OBEN

Atemberaubend ist der Blick auf die Stadt vom **Piazzale Michelangelo** Ⓐ ▮ c4. › mehr S. 15 Punkt ㉓

Bequem geht es dorthin mit dem Bus (Nr. 12 oder 13) vom Hauptbahnhof, ein schöner Spazierweg beginnt an der Piazza Poggi. Nun liegt Ihnen Florenz (382 300 Einw.) zu Füßen: das Häusermeer breitet sich bis zu den umliegenden Hügeln aus, Brücken überspannen das silberne Band des Arno, und alles überragend erhebt sich die Kuppel des Doms › S. 56. Einen vielleicht noch schöneren Blick auf Florenz genießt man, wenn man vor der Kirche **San Miniato al Monte** Ⓑ ▮ c4 steht. Sie gilt als eine der schönsten Kirchen Italiens. Großartige Mosaike an der Fassade und im Inneren üben eine ganz eigene Faszination aus.

DER DOMPLATZ

Auf kleinster Fläche erlebt man in Florenz sowohl die größten Werke der Renaissance-Künstler als auch die Meister der Gotik.

INFO

Sammelticket für den Dombereich: 15 € (Kuppel, Baptisterium, Campanile, Krypta, Dom-Museum; Kasse: Mo–Sa 9–18.50, So, Fei 9–13 Uhr).

BAPTISTERIUM Ⓒ ⭐ ▮ b2

Das Baptisterium San Giovanni aus dem 11. Jh. zeigt ein perfektes Zusammenspiel von Marmordekoration und architektonischer Struktur. Einzigartig sind die **Bronzeportale**. Das Südportal stammt von Andrea Pisano (1330) und zeigt 20 Szenen aus dem Leben Johannes' des Täufers, des Stadtpatrons von Florenz.

Das Nordportal schuf Lorenzo Ghiberti (1378–1455), ebenso wie die zehnteilige Paradiestür (1425–52) dem Dom gegenüber, mit Episoden aus dem Alten Testament. Die Zunft der Händler finanzierte die reiche Ausschmückung des Baus (Mo–Sa 11.15–18.30, 1. Sa im Monat So, Fei 8.30–13.30 Uhr, Eintritt › S. 55).

Im sehenswerten **Dombaumuseum** hinter dem Domchor sieht man u. a. die Originale vieler Skulpturen von Dom und Baptisterium, auch die Bronzereliefs der Paradiestür (www.museumflorence.com/de).

DOM SANTA MARIA DEL FIORE
D ⭐ 📖 b2

Die Kirche Santa Reparata aus dem 4. Jh. stand früher an der Stelle des heutigen Doms. Ihre Reste kann man unter dem Dom besichtigen. 1296 begannen die Florentiner mit einem Neubau, da ihnen Santa Reparata nicht mehr genügte. Um mit Siena und Pisa gleichzuziehen, errichteten sie eine der größten Kirchen der Welt (153 m lang, 38 m breit). Man beauftragte den Dombaumeister Arnolfo di Cambio mit dem »schönstmöglichen« Gebäude. Die Ausschreibung für die Kuppel gewann 1418 Filippo Brunelleschi, der dieses architektonisch einzigartige Werk 1436 vollendete.

Im Vergleich zur farbigen Marmordekoration des Äußeren wirkt das Dominnere relativ schlicht – trotz der herrlichen Fenster, der schönen Majolikareliefs von Luca della Robbia über den Portalen der Alten und der Neuen Sakristei und der restaurierten Kuppelfresken

(So, Fei 13.30–16.45, Mo–Fr 10–17, Do bis 16.30, Mai, Okt bis 15.30, Juli, Sept. bis 17, Sa bis 16.45 Uhr, gratis; Krypta Eintritt › S. 55; Besteigung der Domkuppel an der Nordseite, Mo–Fr 8.30–19 Uhr, Sa bis 17.40 Uhr, Kasse bis 40 Min. vorher, Eintritt › S. 55).

Statt der Domkuppel kann man auch den **Campanile** **E** 📖 b2 erklimmen. Als neuer Dombaumeister begann Giotto 1334 hier einen der schönsten Glockentürme der Welt. Von ihm stammte die Idee, eine dreifarbige Marmordekoration zu schaffen. Seine Nachfolger Pisano und Talenti führten sie bis auf 84 m Höhe fort (Kasse: tgl. 8.30 bis 18.45 Uhr, Eintritt › S. 55).

SHOPPING

Der Flohmarkt auf der Piazza dei Ciompi (300 m westl. des Doms, tgl.) breitet sich am letzten So im Monat bis in die umliegenden Straßen aus.

AN DER PIAZZA DELLA SIGNORIA **F** 📖 b3

Die Via dei Calzaiuoli, eine der größten Einkaufsstraßen der Stadt, verbindet als – verkehrsberuhigte – Nord-Süd-Achse das geistliche mit dem weltlichen Zentrum von Florenz und lockt mit ihren vielen schönen Geschäften.

RESTAURANT

Cantinetta Verrazzano €

In einer Querstraße der Via dei Calzaiuoli serviert das Restaurant zur kleinen Brotzeit Verrazzano-Wein.

• Florenz | Via dei Tavolini 18/20 r
  Tel. 0 55 26 85 90 | Mo–Sa 8–21 Uhr

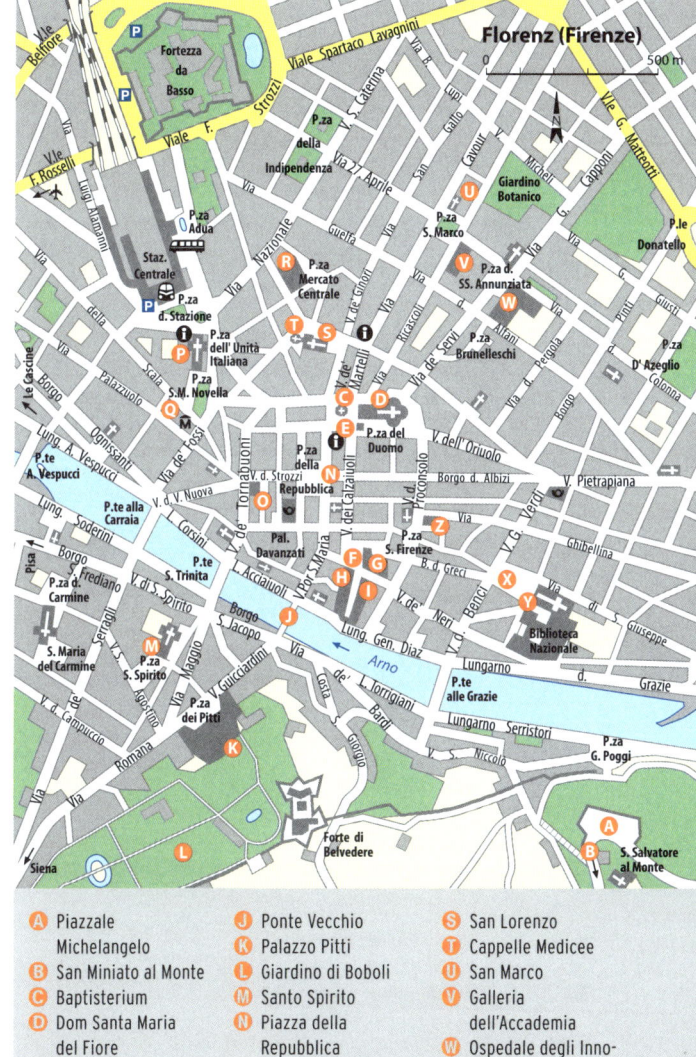

Florenz (Firenze)

A Piazzale Michelangelo	**J** Ponte Vecchio	**S** San Lorenzo
B San Miniato al Monte	**K** Palazzo Pitti	**T** Cappelle Medicee
C Baptisterium	**L** Giardino di Boboli	**U** San Marco
D Dom Santa Maria del Fiore	**M** Santo Spirito	**V** Galleria dell'Accademia
E Campanile	**N** Piazza della Repubblica	**W** Ospedale degli Innocenti
F Piazza della Signoria	**O** Palazzo Strozzi	
G Palazzo Vecchio	**P** Santa Maria Novella	**X** Piazza Santa Croce
H Loggia dei Lanzi	**Q** Museo Nazionale Alinari della Fotografia	**Y** Santa Croce
I Uffizien	**R** Markthalle	**Z** Bargello

Die Atmosphäre der eleganten Piazza della Signoria kann man wunderbar vom Caffè Rivoire aus bei einer Tasse der berühmten Schokolade genießen. Cosimo I. de' Medici, der fähigste Fürst der Familie, ließ sich hier von Giambologna ein **Reiterdenkmal** errichten (1594), den **Neptunbrunnen** schuf der Bildhauer Bartolomeo Ammannati (1575).

PALAZZO VECCHIO G 📖 b3

Der Palast mit seinem 94 m hohen Turm beherrscht die Piazza. Dombaumeister Arnolfo di Cambio errichtete ihn ab 1299 für die Vorsteher der Zünfte, die als *Signori* die Stadt regierten (daher »Piazza della Signoria«). Der burgähnliche Charakter ist durchaus gewollt, mussten sich die Politiker doch bisweilen vor dem Volkszorn verschanzen. Reich dekoriert sind die Prunkräume, allen voran der **Saal der Fünfhundert,** in dem nach der Vertreibung der Medici der Rat der Republik tagte (Fr–Mi 9–23, Do 9–14 Uhr, www.museicivicifiorentini.comune.fi.it/palazzovecchio).

Die *Lanzichenecchi,* die hier stationierten Landsknechte des Herzogs Cosimo I., gaben der **Loggia dei Lanzi** H 📖 b3 ihren Namen. Der

---

💬 HAUSNUMMERN

Schwarze Hausnummern kennzeichnen die Privathäuser, rote Hausnummern Geschäfte etc. Letztere werden durch ein »r« für *rosso* (rot) hinter der Ziffer angezeigt.

---

offene Hallenbau beherbergt einzigartige Skulpturen, z. B. den Perseus von Cellini und den Raub der Sabinerinnen von Giambologna.

UFFIZIEN ❶ ⭐ 📖 b3

Ursprünglich von Vasari › S. 141 als Amtsräume *(uffici)* für Cosimo I. errichtet, beherbergen die Uffizien heute in 45 Sälen eine der berühmtesten Gemäldesammlungen der Welt. Neben bedeutenden Werken der toskanischen Kunst (von Cimabue und Giotto bis Botticelli, Leonardo da Vinci und Michelangelo) sieht man großartige Werke von Künstlern aus anderen italienischen Regionen (Raffael, Tizian und Caravaggio) sowie von deutschen (Dürer, Cranach, Holbein) und niederländischen Meistern (Rembrandt, Rubens) (Di–So 8.15–18.50 Uhr, im Juli/Aug. Di bis 22, Fr bis 21 Uhr; www.polomuseale.firenze.it).

INFO

Firenze Musei

Unter diesem Namen arbeiten u. a. die Uffizien, die Museen im Palazzo Pitti, die Medici-Kapellen, die Galleria dell'Accademia und der Bargello zusammen. Um Wartezeiten zu vermeiden, kann man gegen Gebühr Karten reservieren unter Tel. 0 55 29 48 83 von Mo–Fr 8.30–18.30, Sa 8.30–12.30 Uhr, www.firenzemusei.it.

PONTE VECCHIO ❷ 📖 b3

Die älteste Florentiner Brücke, 1345 errichtet, gilt als Wahrzeichen der Stadt. Ferdinand I. de' Medici reservierte die Läden auf dem Ponte Vecchio für Gold- und Silberschmieden – heute sind es noch 34!

Die prächtige Sala della Tribuna in den Uffizien

JENSEITS DES ARNO
PALAZZO PITTI 🅚 ⭐ 📖 a3

Auf der südlichen Arno-Seite erhebt sich der mächtige Palazzo Pitti. Brunelleschi entwarf ihn 1440 für die Familie Pitti, die 1549 von den Medici zum Verkauf des Palastes gezwungen wurde. Bartolomeo Ammannati erweiterte das Gebäude im 16. Jh. zum größten Florentiner Palazzo (205 m lang, 38 m hoch). Heute beherbergt es mehrere Sammlungen und Museen, darunter die kostbar ausgestatteten Prunkräume **Appartamenti Monumentali**. Eine erlesene Gemäldesammlung zeigt die **Galleria Palatina**, u. a. 11 Werke von Raffael und 13 von Tizian. Italienische Malerei des 19. Jhs bildet den Schwerpunkt der **Galleria d'Arte moderna** (beide Di–So 8.15–18.50 Uhr). Das **Museo degli Argenti** (Silbermuseum) hütet funkelnde Kostbarkeiten. In einem Seitenflügel widmet sich die **Galleria del Costume** der Modegeschichte und in einem Gartenpavillon zeigt das **Museo delle Porcellane** edles Porzellan (Öffnungszeiten › Giardino di Boboli).

Auf der rückwärtigen Seite des Palazzo liegt der Barockgarten **Giardino di Boboli** 🅛 📖 a/b4. Er zählt mit Terrassen, Wasserspielen, Zypressenalleen, der »Grotte des Buontalenti« und dem Neptunbrunnen seit 2013 zum UNESCO-Welterbe (Juni–Aug. 8.15–19.30, März bis 17.30, April, Mai, Sept., Okt. bis 18.30, Nov.–Feb. bis 16.30 Uhr; 1. u. letzter Mo im Monat geschl.; www.uffizi.it; für die Galerien und Museen sowie den Garten gibt es drei Kombitickets). › mehr S. 16 Punkt ㉙

IN SANTO SPIRITO UND SAN FREDIANO

Die beiden Stadtviertel westlich des Palazzo Pitti haben mit Trattorien, Handwerksbetrieben und kleinen Läden ihren ursprünglichen Charakter bewahrt.

Filippo Brunelleschi errichtete die Renaissance-Kirche **Santo Spirito** Ⓜ 🔖 a3 (Mo, Di, Do–Sa 9.30 bis 12.30, 16–17.30, So, Fei 11.30 bis 12.30, 16–17.30 Uhr, gratis).

RESTAURANT

Volume €–€€

Das ehemalige Künstleratelier ist inzwischen die beliebteste Aperitivo- und Snack-Bar des Viertels. An den Wänden hängt immer noch viel Kunst.

- Florenz | Piazza S. Spirito 5 r
  Tel. 05 52 38 14 60

SHOPPING

Giannini Giulio e figli

Führt edle Schreibutensilien und marmoriertes Papier.

- Florenz | Piazza de' Pitti 37 r
  www.giuliogiannini.com

Pitti Mosaici

Verkauft feinste Intarsienarbeiten aus Marmor, Edel- und Halbedelsteinen.

- Florenz | Piazza de' Pitti 23 r
  www.pittimosaici.com

AN DER PIAZZA DELLA REPUBBLICA Ⓝ 🔖 b2/3

Im Herzen der Stadt, wo einst das römische Forum lag, trifft man sich heute in den Cafés: dem eleganten **Paszkowski**, dem stilvollen **Gilli** oder dem traditionsreichen **Giubbe Rosse**. Vom Dachcafé des Kaufhauses **La Rinascente** genießt man eine wunderbare Aussicht, im **Hard Rock Cafe** unter den Arkaden gibt es günstigere Gerichte an der ansonsten nicht gerade billigen Piazza.

PALAZZO STROZZI Ⓞ 🔖 b2/3

Der wuchtige Repräsentationsbau der Familie Strozzi, 1489 von Filippo Strozzi in Auftrag gegeben, ist nicht zu übersehen. Er verkörpert die Palast-Architektur der Florentiner Frührenaissance in Reinform (heute Ausstellungszentrum, www.palazzostrozzi.org).

SHOPPING

- Südlich der Piazza della Repubblica liegen Geschäfte internationaler Modeketten in der Via Calimala, der Via Por Santa Maria und der Via de' Calzaiuoli.
- Mode italienischer Topdesigner wie Gucci oder Roberto Cavalli verkaufen Boutiquen nördlich und westlich der Piazza (Via degli Strozzi, Piazza degli Strozzi, Via dei Tosinghi, Via della Vigna Nuova). Die eleganteste Einkaufsstraße der Stadt ist die Via de' Tornabuoni.

PIAZZA SANTA MARIA NOVELLA Ⓟ 🔖 a2

An der weiten Piazza Santa Maria Novella überrascht die schöne Renaissance-Fassade der gleichnamigen Kirche. Die Strozzi ließen sich hier eine prächtige Kapelle ausmalen – das schlechte Gewissen plagte die Kaufleute, die zu Wucherzinsen Geld verliehen. Die wunderschönen Fresken der **Hauptchorkapelle** gab der Florentiner Kaufmann Giovanni Tornabuoni bei Domenico Ghirlandaio in Auftrag und setzte somit seiner Familie ein Denkmal. Giovanni und seine Gattin beten an den Seiten des Fensters, die junge Frau im Goldbrokatkleid (in der Szene der Geburt Marias) ist ihre Tochter.

Ein Hauptwerk des 15. Jhs. ist das **Trinitätsfresko** von Masaccio (um 1427) im linken Seitenschiff: Das auf den ersten Blick unscheinbare Bild zeigt erstmalig in der europäischen Malerei die Anwendung der Linearperspektive (April–Sept. Mo bis Do 9–19, Fr 11–19, Sa April–Okt. 9–17.30, Juli/Aug. 9–18.30, So, Fei April–Okt. 13–17.30, Juli/Aug. 12 bis 18.30, Sept. 12–17.30 Uhr; 5 €).

Im Hospital San Paolo gegenüber der Kirche erläutert das **Museo Nazionale Alinari della Fotografia** 🔴 📱 a2 die Geschichte der Fotografie anhand von rund 140 historischen Aufnahmen sowie u. a. alten Kameras (tgl. 9.30–19.30, Sa bis 23.30 Uhr bei Ausstellungen geänderte Öffnungszeiten; www.mnaf.it; z. Zt. wegen Renovierung geschl.).

Gleich nebenan eröffnete 2014 das gut bestückte **Museo del Novecento** mit Kunstwerken des 20. Jhs., u. a. von De Chirico, Morandi und Guttuso (April–Sept. Mo–Mi, Sa, So 11–21, Do 11–14, Fr 11–23, Okt. bis März Mo–Mi 11–18, Do 11–14, Fr. 11–21, Sa, So 11–20 Uhr, www.museonovecento.it).

SHOPPING

Officina Profumo Farmaceutica di Santa Maria Novella

In der stilvollen, 1612 gegründeten Apotheke der Mönche von Santa Maria Novella erwirbt man nach alten Original-Rezepten zubereitete Kräuterliköre, Seifen, Cremes und Düfte.

• Florenz | Via della Scala 16
www.smnovella.it

NÖRDLICH DES DOMS

Im Viertel nördlich des Doms treffen sich Studenten der nahen Uni, Hausfrauen und Touristen beim Einkauf in der **Markthalle** 🔴 📱 b2.

💬 AUS DER STADTGESCHICHTE

Julius Cäsar gründete 59 v. Chr. die Veteranenkolonie Florentia. Ihre schachbrettartige Straßenanlage ist um die heutige Piazza della Repubblica noch erhalten. Mit dem wirtschaftlichen Aufschwung um 1000 entstanden erste Bauten wie das Baptisterium und San Miniato al Monte. Wolle und Seide sowie die in ganz Europa verzweigten Bankgeschäfte machten Florenz reich. Kaufleute und Handwerker schlossen sich in Zünften *(arti)* zusammen und übernahmen die Regierung. Mächtige Familien wie die Strozzi und die Pitti wetteiferten mit den Medici beim Bau ihrer Stadtpaläste und um die Macht. 1434 übernahm Cosimo de' Medici die faktische Alleinherrschaft. Die Unterwerfung der Städte im Umland, von Fiesole bis Pisa, machte aus dem Stadtstaat einen Regionalstaat, den Kaiser Karl V. 1530 den Medici als erbliches Herzogtum überließ. Zwischen 1865 und 1871 trumpfte Florenz noch einmal mächtig auf als Hauptstadt Italiens und Sitz des Königshofes.

Nach dem Besuch der Markthalle kann man an den Ständen des Straßenmarkts entlangbummeln und die neueste Mode oder Lederwaren begutachten. Auf der Piazza del Mercato Centrale hinter der Halle spielt sich das Leben bis spät nachts draußen ab.

SAN LORENZO ⑤ ⭐ 📕 b2

Dieser unvollendet wirkenden Kirche fehlt die sonst übliche Marmorverkleidung. Einen Blick in den Renaissance-Raum, den Brunelleschi im Auftrag der Medici so großartig umbaute, sollte man aber unbedingt werfen. Schon die beiden **Kanzeln** von Donatello lohnen den Besuch. Die **Sagrestia Vecchia**, ebenfalls von Brunelleschi, bildet ein formvollendetes Renaissance-Ambiente (Mo–Sa 10–17.30, März–Okt. auch So, Fei 13.30–17 Uhr, 4,50 €). Sehr fotogen: das Orangenbäumchen im Kreuzgang links von der Kirche.

CAPPELLE MEDICEE ❶ ⭐ 📕 b2

Ein Muss sind die Cappelle Medicee (Zugang hinter San Lorenzo). Neben dem Prunk der **Fürstenkapelle** wartet in der **Neuen Sakristei** die Eleganz, Kraft und Erhabenheit des schöpferischen Genies von Michelangelo. Medici-Papst Leo X. wollte mit dem Familienmausoleum die Großartigkeit seiner Dynastie demonstrieren. Der Wirkung dieses von Michelangelo ab 1520 geschaffenen Gesamtkunstwerks kann man sich kaum entziehen (2. und 4. Mo, 1., 3., 5. So im Monat, Di–Sa 8.15 bis 13.50, März–Nov. bis 16.20 Uhr; im Hochsommer auch Fr 19–21 Uhr).

RESTAURANTS

Trattoria San Lorenzo €–€€
Gemütlich, gute toskanische Küche.
• Florenz | Borgo S. Lorenzo 53r
  Tel. 0 55 26 70 41 4

Mario €
Typisch Toskanisch und urig.
• Florenz | Via Rosina 2 r
  Tel. 0 55 21 85 50
  www.trattoria-mario.com
  So und abends geschl.

Nerbone €
Typisch Florentinisch: Sandwich mit *lampredotto* (Rindermagen).
• Florenz | In der Markthalle

UM DIE PIAZZA SAN MARCO

Direkt an der Piazza präsentiert sich die **Kirche San Marco** ⓤ 📕 b1 in barocker Festlichkeit. Im **Museo di San Marco** rechts daneben berührt der Zauber der Fresken des Mönchs Fra Angelico, besonders seiner Verkündigung, alle Betrachter (Mo–Fr 8.15–13.50, Sa bis 16.30 Uhr, So, Fei bis 18.30 Uhr; 2. und 4. Mo sowie 1., 3., 5. So im Monat geschl.).

Nur wenig entfernt kann man in der **Galleria dell'Accademia** ⓥ 📕 b2 das Original von Michelangelos David und seine »Prigioni« (Die Gefangenen) bewundern. Sie zählen zu den großartigsten Werken des Künstlers (Di–So 8.15–18.50 Uhr, im Hochsommer Di bis 22, Fr bis 21 Uhr, www.uffizi.it).

Brunelleschi errichtete ab 1419 das prunkvolle und zugleich funktionale Ensemble des **Ospedale degli Innocenti** ⓦ 📕 c2 für Findelkinder. In dem an der weiten Piazza SS. An-

Die Basilika Santa Croce gab dem ganzen Stadtviertel ihren Namen

nunziata mit der sehenswerten **Kirche SS. Annunziata** aus dem 13. Jh. gelegenen Gebäude ist u. a. die **Pinakothek** untergebracht, mit Werken von Botticelli, della Robbia und Ghirlandaio (Mo–Sa 9–18.30 Uhr).

IM VIERTEL SANTA CROCE

Wo einst das Volk von Florenz lebte, öffnen heute in den Gassen zwischen **Palazzo Vecchio** › S. 58 und der **Piazza Santa Croce** ⓧ ▌ c3 immer mehr Souvenirgeschäfte. Nur um die Markthalle Sant'Ambrogio trifft man noch Florentiner Originale.

SANTA CROCE ⓥ ★ ▌ c3

Die Ordenskirche der Franziskaner mit ihrem überwältigenden Innenraum weist über 270 in den Boden eingelassene Grabplatten auf; an den Wänden ziehen sich die Gräber großer Italiener wie Michelangelo, Dan-

te oder Galileo Galilei entlang. Finanzkräftige Familien gaben den Auftrag zur Ausschmückung der Kapellen, z. B. die Bardi oder die Peruzzi (1. und 2. **Kapelle** rechts vom Hauptaltar). Giotto malte für sie um 1330 die beiden Zyklen aus dem Leben Franz von Assisis sowie Johannes' des Täufers und des Evangelisten Johannes (Mo–Sa 9.30–17.30, So, Fei 14–17.30 Uhr; die Eintrittskarte gilt auch für die **Cappella Pazzi** und das kleine **Museo dell' Opera di Santa Croce** in den Kreuzgängen). › mehr S. 15 Punkt ㉔

RESTAURANTS

Enoteca Boccadama €
Moderne Enothek mit Tischen auf der Piazza. Über 400 Weine und köstliche toskanische Spezialitäten.
• Florenz | Piazza Santa Croce 25 r
  Tel. 0 55 24 36 40

Teatro del Sale €

Theater, Konzerte und dazu reichhaltige
Büfetts zum Frühstück, mittags und abends.

- Florenz | Via dei Macci
  Tel. 05 52 00 14 92
  www.teatrodelsale.com

SHOPPING

Durch die Sakristei von Santa Croce
kommt man in den Teil des Klosters, in
dem die Lederschule von Florenz residiert;
dort bekommt man Qualität zu reellen
Preisen (Eingang auch in der Via San Giuseppe 5 r, www.scuoladelcuoio.com).

BARGELLO ❷ 🖼 b3

Das wohl schönste Museum der
Stadt zeigt eine der weltweit bedeutendsten **Skulpturensammlungen**
mit Werken von Michelangelo, Donatello und anderen Meistern der
Renaissance. Die reich dekorierten
Säle des Gebäudes bilden den Rahmen für die einzigartigen Statuen
(tgl. 8.15–13.50 Uhr; 2. und 4. Mo
sowie 1., 3. und 5. So im Monat geschl., Juli/Aug. Fr 19–21 Uhr).

INFOS

Firenze Turismo Informationsbüros

- Via Cavour 1 r
  Tel. 0 55 29 08 32/33
  Mo–Sa 9–18 Uhr
- Flughafen Peretola (Ankunftsebene)
  Peretola Via del Termine 1
  Tel. 0 55 31 58 74
  Mo–Sa 9–19, Fei, So 9–14 Uhr
- Piazza Stazione 4 (vor dem Bahnhof)
  Tel. 0 55 21 22 45
  Mo–Sa 9–19, So, Fei 9–14 Uhr
- Loggia del Bigallo (Süds. Domplatz)
  Tel. 0 55 28 84 96
  Mo–Sa 9–19, So, Fei 9–14 Uhr

www.firenzeturismo.it
www.comune.firenze.it (auch auf Engl.)
www.firenzemusei.it (Infos zu Museen
wie Öffnungszeiten, Eintritt, Ausstellungen u. a.)

Hotelreservierung

- Florence Planet im Infobüro am Bahnhof
  > **links,** Mo–Sa 8.30–18.30 Uhr
- Consorzio Firenze Albergo
  Florenz | Via Valfonda 9
  Tel. 05 52 70 72 78
  Mo–Fr 9–13, 15–18 Uhr
  www.firenzealbergo.it

VERKEHRSMITTEL

Stadtrundfahrten im offenen Doppel-
deckerbus (Ticket gilt auch in Linien-
bussen der ATAF sowie nach Fiesole)

- Florenz | Piazza Stazione 1
  Tel. 0 55 29 04 51
  www.firenze.city-sightseeing.it

Öffentliche Verkehrsmittel – Bus: Tages-
karte für 5 €, für Familien 6 €, 3-Tageskarte
12 €, 90-Minuten-Ticket 1,20 €; Infos: www.
ataf.net (auch auf Engl.)

HOTELS

Loggiato dei Serviti €€–€€€

38 noble Zimmer, antik möbliert, in einem
Gebäude des 16. Jhs.

- Florenz | Piazza SS. Annunziata 3
  Tel. 0 55 28 95 92
  www.loggiatodeiservitihotel.it

Casci €€

In diesem Familienhotel mit viel Atmosphäre übernachtet man im ehemaligen Palazzo des Komponisten Gioacchino Rossini.

- Florenz | Via Cavour 13
  Tel. 0 55 21 16 86
  www.hotelcasci.com

Fiorino €€

Ruhiges, kleines Hotel mit 23 Zimmern
nahe dem Palazzo Vecchio.
• Florenz | Via Osteria del Guanto 6
  Tel. 0 55 21 05 79
  www.hotelfiorino.it

Orto de' Medici €€

Klassisch-eleganter Komfort in einem
Palast aus dem 19. Jh., nahe San Lorenzo,
schöne Gartenterrasse. 42 Zimmer, davon
drei für Familien.
• Florenz | Via S. Gallo 30
  Tel. 0 55 48 34 27
  www.ortodeimedici.it

Albergo Firenze €−€€

Das schlichte Haus liegt zentral zwischen
Dom und Piazza Signoria, aber dennoch
ruhig.
• Florenz | Piazza Donati 4
  (Via del Corso) | Tel. 0 55 26 83 01
  www.hotelfirenze-fi.it

RESTAURANTS

Enoteca Pinchiorri €€€

Führendes Feinschmeckerlokal in der
Nähe der Kirche Santa Croce.
• Florenz | Via Ghibellina 87
  Tel. 0 55 24 27 77
  So, Mo sowie mittags geschl.

Mamma Gina €€€

Gehobene toskanische Küche in einem
Palast des 15. Jhs. beim Palazzo Pitti.
• Florenz | Borgo San Jacopo 37 r
  Tel. 05 52 39 60 09 | So geschl.

Il Latini €€

Rustikale toskanische Küche nicht
weit von Santa Maria Novella
• Florenz | Via Palchetti 6 r
  Tel. 0 55 21 09 16 | Mo geschl.

Il Santo Bevitore €€

Toskanische Küche, auch Vegetarisches,
in der Nähe von Santo Spirito.

Im Santo Bevitore speist man toskanisch

• Florenz | Via S. Spirito 66 r
  Tel. 0 55 21 12 64

Fuoriporta €
Sehr gute Enothek unterhalb des Piazzale Michelangelo, kleine Gerichte.
• Florenz | Via Monte alle Croci 10 r
  Tel. 05 52 34 24 83

SHOPPING

Markt beim Park Le Cascine (jeden Di Vormittag) mit vielen praktischen Dingen des täglichen Bedarfs.

Eataly
Einkaufen im Slow-Food-Paradies, Spitzenprodukte der italienischen Landwirtschaft, auch Bistro.
• Florenz | Via de' Martelli 22 r
  www.eataly.it

NIGHTLIFE

Dolce Vita
Vom Aperitif bis nach Mitternacht: Hier trifft man sich im Viertel San Frediano.
• Florenz | Piazza del Carmine 5

Jazz Club
Toller Live-Jazz beim Teatro Pergola.
• Florenz | Via Nuova de' Caccini 3

Spaceclub
Die größte Disco in der Innenstadt ist auch im Sommer geöffnet
• Florenz | Via Palazzuolo 37
  tgl. 22–4 Uhr
  www.spaceclubfirenze.com

The Joshua Tree Pub
Typisches Pub, gute Musik, gute Biere, man fühlt sich wohl. Nicht weit vom Bahnhof.
• Florenz | Via della Scala 37
  16–2 Uhr

EVENTS

• Ostersonntag: **Scoppio del Carro** › S. 43 am Domplatz.
• 2. April-Hälfte: **Mostra internazionale dell'Artigianato,** Ausstellung toskanischer Handwerkskunst in der Fortezza da Basso; www.mostraartigianato.it.
• Mai/Juni: **Fabbrica Europa,** zeitgenössische Kunst aus 35 Ländern: Theater, Tanz, Musik und Installationen in der Stazione Leopolda und Theatern der Stadt; www.fabbricaeuropa.net.
• Mai/Juni: **Maggio Musicale Fiorentino,** Konzerte und Opern mit Spitzen-Stars; Infos und Tickets: www.operadifirenze.it.
• Juni: am **Festtag des Stadtpatrons Johannes des Täufers** (24.6.) gibt es ein großes Feuerwerk.
• Juni–Sept.: **Estate Fiorentina,** Events jeden Abend in den Murate (östl. Santa Croce), im Amphitheater des Cascine-Parks und anderenorts.
• Sept./Okt.: **Musica dei Popoli,** Konzerte von Musikern aus der ganzen Welt; www.musicadeipopoli.com.

AUSFLUG NACH FIESOLE **2** 📖 D3

Von oben herab schaut das kleine – und viel ältere – Fiesole auch heute noch auf Florenz. Man sollte möglichst den Abend in Fiesole verbringen: Die Aussicht auf die Lichter von Florenz ist grandios.

An der **Piazza Mino da Fiesole** stehen der wappengeschmückte **Palazzo Pretorio** (14. Jh.), und der romanische **Dom San Romolo** (1028 begonnen). Nur wenig weiter liegt die Hauptsehenswürdigkeit, die **Archäologische Zone** mit dem römi-

Etruskisch-römische Fundstätte in Fiesole

schen Tempel (1. Jh. v. Chr.), Theater und Thermen. Hier sind auch
Mauern aus etruskischer Zeit zu sehen (April–Sept. tgl. 10–19, März,
Okt. tgl. 10–18, Nov.–Feb. Mi–Mo
10–14 Uhr). Das **Archäologische
Museum** liegt ebenfalls in der Aus-
grabungszone, das **Museo Bandini**
mit toskanischer Kunst (13.–15. Jh.)
gleich davor (Eintrittskarte gilt für
beide; Museo Bandini Fr, Sa, So
Nov.–Feb. 10–17 Uhr, März–Okt.
bis 18 Uhr, April–Sept. bis 19 Uhr).
Besonders schön sind die Konzerte
im römischen Theater während der
Estate Fiesolana, Programm unter
www.estatefiesolana.it).

Ein romantischer Spaziergang
führt hinauf auf den Hügel zur Kirche **San Francesco.**

INFOS

Ufficio Turistico
• Fiesole | Via Portigiani 3
  Tel. 05 55 96 13 11 | www.fiesoleforyou.it

VERKEHRSMITTEL

Fiesole erreicht man in 30 Min. von Florenz
mit dem Bus Nr. 7 von der Piazza San
Marco ▶ S. 62. Der Bus hält in Fiesole an
der Piazza Mino da Fiesole. Bis Mitternacht
fahren Busse zurück nach Florenz.

HOTEL

Bencistà €€–€€€
Stilvolles, mittelgroßes Haus mit antikem
Mobiliar und schöner Aussichtsterrasse,
umgeben von Grün.
• Fiesole
  Via Benedetto da Maiano 4
  Tel. 05 55 91 63
  www.bencista.com

RESTAURANT

La Loggia €€€
Exzellente toskanische und internationale
Küche mit Traumblick über Florenz. Beson-
ders am Abend sehr romantisch.
• Fiesole
  Via Doccia, im Hotel Villa San Michele
  Tel. 05 55 67 82 20

UNTERWEGS IM CHIANTI

DAS CHIANTI FIORENTINO

IMPRUNETA 3 📖 D4

Das Eingangstor zum Chianti-Gebiet ist *das* Terrakotta-Zentrum der Toskana. Seit dem 14. Jh. wird hier Keramik hergestellt. Alle Straßen führen zur **Piazza Buondelmonti**, die auf der einen Seite von Loggien, auf der anderen vom Portikus der **Basilika Santa Maria** gerahmt wird.

Am letzten September-Sonntag findet die **Festa dell'Uva** (Traubenfest) statt, es gibt einen Festumzug, eine Weinmesse, ein gastronomisches Programm und Musik.

HOTEL

Azienda Agricola La Salvadonica €€–€€€
Idyllische Bauernhäuser (15. Jh.) gut 8 km südöstlich, Frühstücksbüfett, Tennis, Schwimmbad.
• Mercatale Val di Pesa
  Via Grevigiana 82 | Tel. 05 58 21 80 39
  www.salvadonica.com

💬 **NEWS**

Infos zu Restaurants, Unterkünften, Weinprobierstuben, Shopping und Events auf Englisch und Italienisch liegen in Hotels, Restaurants und Reisebüros aus. Auch online bekommt man Informationen: www.toscanaechiantinews.com.

SHOPPING

M.I.T.A.L. Angiolo Mariani & Figli
Bei Familie Mariani bekommt man einzigartige Terrakotta-Produkte; die Auswahl an Tonkrügen, Vasen, Statuen u.v.m. ist riesig.
• Impruneta | Via di Cappello 31
  Tel. 05 52 01 14 14
  www.terrecottemital.it

AKTIVITÄTEN

Eine schöne Fahrrad-Rundtour durch die Chianti-Region ist die Rundstrecke Florenz–Impruneta–Florenz; Infos: www.impruneta.com.

GREVE IN CHIANTI 4 ⭐2 📖 D4

In dem schönen Ort lädt die **Piazza Matteotti** mit ihren Laubengängen zum entspannten Bummel ein. Zur Shopping-Tour verführen die vielen Weinhandlungen, z. B. die **Enoteca del Gallo Nero** (zum Namen › S. 11). Die Salami zum Wein findet man seit 1729 bei **Falorni** (Piazza Matteotti 69–71, www.falorni.it). Wein- und Olivenölproben offeriert die gleichnamige Enoteca Falorni, sogar Supertoskaner kann man hier für wenige Euro verkosten (tgl. 10 bis 19 Uhr, www.enotecafalorni.it). › mehr S. 14 Punkt ⓫

In der **Villa di Vignamaggio**, wenig südlich von Greve, verewigte Leonardo angeblich die hier geborene Mona Lisa. Ihren Namen trägt der Riserva-Wein der Fattoria (auch Zimmer und Apartments, Tel. 0 55 85 46 61, www.vignamaggio.com). Die Villa bot die Kulisse für Branaghs Shakespeare-Verfilmung

Auch in den Herbstfarben ist der Chianti wunderschön

von »Viel Lärm um nichts« (1993). Den Film-Set im italienischen Garten kann man besichtigen (5 €, Kinder gratis).

INFOS

Infobüro

• Greve in Chianti | Piazza Matteotti 11
  Tel. 05 58 54 62 99
  www.greve-in-chianti.com

HOTELS / RESTAURANTS

Giovanni da Verrazzano

Traditionsreiches Hotel (€€) und Restaurant (€€€; im Winter Mo geschl.), u. a. mit Spezialitäten vom Wildschwein. Wunderschöne Terrasse zur Piazza. Kochkurse.

• Greve in Chianti
  Piazza Giacomo Matteotti 28
  Tel. 05 58 54 60 98
  www.albergoverrazzano.it

Da Omero €

Kleines, nettes Hotel mit typisch toskanischem Restaurant.

• Greve in Chianti
  Loc. Passo dei Pecorai 68/70
  Tel. 0 55 85 07 15/16
  www.daomero.com

SHOPPING

Enoteca del Gallo Nero

Bietet vor der Kirche eine enorme Auswahl des roten Chianti Classico, dazu kulinarische Spezialitäten.

• Greve in Chianti | Via Battisti 8
  Tel. 0 55 85 37 34

AKTIVITÄTEN

Eine 40-km-Radtour bringt Sie durch das Chianti-Gebiet, von Greve über Panzano und Radda nach Castellina; Infos zur Strecke: www.greve-in-chianti.com.

AUSFLUG NACH PANZANO

5 📙 D4

Etwas südlich des Dorfes keltert Fürst Alceo di Napoli Rampolla im **Castello dei Rampolla** (Santa Lucia in Faulle) den samtig roten Spitzenwein »Sammarco«. Er setzt sich aus Cabernet und der Sangiovese-Traube zusammen. Hinter Panzano besichtigt man die romanische Kirche **Pieve San Leolino** (13. Jh.).

HOTEL

Villa Le Barone €€€

Umgebauter Landsitz, 30 Zimmer, ausgestattet mit antikem Mobiliar, in traumhaft ruhiger Lage an der Pieve San Leolino.

• Panzano in Chianti | Tel. 0 55 85 26 21
  www.villalebarone.com

RESTAURANTS

Dario Doc, Officina della Bistecca €–€€€

Im Dario Doc gibt es mittags den Mac Dario oder ein fixes Menü. In der Officinia della Bistecca speist man *bistecca alla fiorentina* (tgl. 13 und 20 Uhr). Metzgermeister Dario Cecchini sorgt für beste Qualität.

> ┌─── 💬 **BESTES FLEISCH** ───
>
> Das kleine Panzano verdankt seine Berühmtheit dem Metzgermeister Dario Cecchini. Der Streiter für die *bistecca alla fiorentina* bietet bestes Fleisch und exzellente Wurstwaren in seinem Geschäft > **rechts**. In seinen Lokalen > **oben** sorgt er selbst für die richtige Zubereitung. Die Auswahl ist schier unglaublich. Reservieren Sie rechtzeitig (www.dariocecchini.com)!

• Panzano | Via XX Luglio 11
  Tel. 0 55 85 21 76
  Mac Dario: Mo–Sa 12–15 Uhr
  Officina: tgl. 13 und 20 Uhr

Solociccia €€

Das zweite Lokal von Dario Cecchini
> **links**. Menü mit 6 Fleischgängen.

• Panzano
  Via Chiantigiana 5
  Tel. 0 55 85 27 27
  Die Menüs beginnen zu festen Zeiten, mittags um 13 und abends um 19/21 Uhr.

SHOPPING

Antica Macelleria Cecchini

In seiner Metzgerei verkauft Dario Cecchini Schinken und Finocchiona-Salami.

• Panzano | Via XX Luglio 11
  Tel. 0 55 85 20 20
  tgl. 9–14, im Sommer bis 16 Uhr

DAS CHIANTI SENESE

CASTELLINA IN CHIANTI **6** 📙 D4

Genießer fühlen sich wohl in Castellina in Chianti: Die Straßencafés des hübschen Städtchens sind einladend, und in der **Antica Trattoria la Torre** vor der **Rocca**, in der sich auch das **Museo archeologico** befindet, kann man die herrliche Chianti-Küche genießen (Piazza del Comune, Tel. 05 77 74 02 36, www.anticatrattorialatorre.com; Do geschl., €€). > mehr S. 14 Punkt **13**

SHOPPING

Enoteca Le Volte

Regionale Chianti-Classico-Weine.

• Castellina in Chianti | Via Ferruccio 12
  Tel. 05 77 74 03 08
  www.enotecalevolte.com

RADDA IN CHIANTI 7 📖 D4

Der hübsche kleine Ort auf 530 m Höhe hat seine elliptische Anlage noch ganz bewahrt. Wer durch die Hauptgasse spaziert, genießt die angenehme Atmosphäre und findet sich unversehens vor dem wappengeschmückten **Palazzo del Podestà** (16. Jh.) wieder. Am Ortsrand, in der **Fattoria Vignale,** wurde 1924 das damalige »Consorzio del Gallo Nero« › S. 46 gegründet. Kurz hinter Radda führt eine Straße zum **Castello di Volpaia** auf 600 m Höhe, von wo sich ein traumhafter Panoramablick bietet. Der mittelalterliche Charakter des Dorfes und der köstliche Wein (Verkaufsraum am Dorfplatz) lohnen den Abstecher.

HOTEL

Fattoria Vignale €€€

Nobelhotel in einem Herrenhaus aus dem 18. Jh. mit Enoteca und Restaurant.

• Radda | Via Pianigiani 9
 Tel. 05 77 73 83 00 | www.vignale.it
 kein Ruhetag, geöffnet April–Nov.

RESTAURANT

Bar-Ucci €

Auf der Terrasse kalte Platten mit toskanischen Delikatessen.

• Radda | Piazza della Torre 9
 Ortsteil Volpaia | Tel. 05 77 73 80 42
 Mo geschl.

ZWISCHEN RADDA IN CHIANTI UND SIENA

In einer waldreichen Gegend gründeten Mönche im 11. Jh. die **Badia a Coltibuono** 8 📖 D4. Die romanische Kirche der früheren Benediktinerabtei hat einen mächtigen Campanile. Das nahe **Gaiole** in **Chianti** 9 📖 D4 ist ein Zentrum des Chianti Classico.

Seit dem Mittelalter befindet sich das **Castello di Brolio** 10 📖 D5 im Besitz der Ricasoli. Hier regierte Baron Bettino Ricasoli (1809–1880), der erste Premierminister des Königreichs Italien. Sein Verschnitt aus roten und weißen Trauben wurde Vorbild für den klassischen Chianti (Mitte Okt.–6. Jan. geschl., 7. Jan. bis Mitte März Mo–Fr, sonst tgl.; Tel. 05 77 73 02 20; www.ricasoli.it).

Weiter südlich verändert sich die Landschaft. Die Farbskala wechselt zu Goldgelb bis Graubraun: Bei **Castelnuovo Berardenga** 11 📖 D5 kündigen sich die Sieneser Crete an. Im Sommer sind Konzerte in den Villen und Landkirchen der Gegend ein schönes Erlebnis, z.B. im Juni und Juli beim Chianti-Festival mit Musik, Lesungen und Verkostungen.

HOTEL

Castello di Spaltenna €€€

Im mittelalterlichen Gemäuer des Castello, stilvolles Ambiente. Sauna, Schwimmbad, Tennisplatz. Restaurant und Weinhandlung.

• Gaiole in Chianti | Via Spaltenna 13
 Tel. 05 77 74 94 83 | www.spaltenna.it

RESTAURANT

Badia a Coltibuono €–€€€

Das Restaurant kredenzt gute Weine; nachmittags Brotzeiten. Wein- und Delikatessenverkauf im Shop an der Zufahrtsstraße. Koch- und Weinkurse (1 oder 3 Tage).

• Gaiole in Chianti | Tel. 05 77 74 90 31
 www.coltibuono.com | Rest. Anf. Nov. bis Mitte März geschl., Shop April–Okt. tgl. 9–19, Nov.–Dez. Di–So 9–18 Uhr

UNTERWEGS AM MONTE ALBANO

PRATO 12 📖 C3

Am Fuße des Monte Albano liegt das noch weitgehend unentdeckte Prato (192 500 Einw.), das im historischen Stadtkern, den mächtige Mauern des 14. Jhs. umschließen, mit vielen Kirchen und Palazzi aufwartet. Der wirtschaftliche Erfolg der Stadt beruht auf der Textilverarbeitung: Schon im 13. Jh. waren Prateser Tuche europaweit begehrt, und noch heute gehört Prato zu den wichtigsten Standorten von Textilproduzenten in ganz Italien.

Von dieser Tradition zeugen wertvolle Stoffe und Webstühle im **Museo del Tessuto** (Via Puccetti 3, Di–Fr 10–15, Sa 10–19, So, Fei 15 bis 19 Uhr, 7 €, ermäßigt 5 €; www. museodeltessuto.it).

PIAZZA DEL DUOMO ⭐ UND PIAZZA DEL COMUNE

An dem im pisanisch-lucchesischen Stil errichteten **Dom Santo Stefano** sticht die **Außenkanzel** ins Auge. Sie ist ein Werk Michelozzos und Donatellos (1428–1438). Die Reliefs mit tanzenden Putten von Donatello gehören zu den besten Arbeiten der Renaissance, ihre Originale befinden sich heute im **Dommuseum**, in dem man auch kostbare Buchmalereien und Tafelgemälde sehen kann (Mo, Do, Fr 9–13, 14.30 bis 18.30, Mi 9–13, Sa ab 10, So 10 bis 13 Uhr). Im Inneren des Doms beeindruckt im **Hauptchor** der schöne, bis 2007 restaurierte **Fresken-**zyklus, den Filippo Lippi 1452 bis 1466 schuf (Kapelle Mo–Sa 10–17, So 13–17 Uhr, 5 €). In der ersten Kapelle links neben dem Eingang wird Pratos wertvollste Reliquie aufbewahrt: »La Sacra Cintola«, der Heilige Gürtel, den Maria als Beweis für ihre Himmelfahrt dem Apostel Thomas überreichte. Fresken von Agnolo Gaddi erläutern dem Betrachter die Legende.

Die **Piazza del Comune** zieren ein **Bacchus-Brunnen** (1659) und die Statue des Kaufmanns Francesco di Marco Datini › S. 73. Die klassizistische Fassade des **Palazzo Comunale** wirkt beschwingt, wenn man sie mit dem wuchtigen **Palazzo Pretorio** gegenüber vergleicht. Hier bewundert man erstklassige Meisterwerke der Renaissance, u. a. von Donatello, Filippo und Filippino Lippi, Giovanni da Milano (Mo bis Fr 9–17, Sa 9–14 Uhr, So geschl. www.palazzopretorio.prato.it).

Durch die Via Guasti gelangt man zur **Piazza San Domenico**. Der schöne Kreuzgang der gleichnamigen **Kirche** beherbergt das Museum für Wandmalerei (Di geschl., Tel. 05 74 44 05 01).

KIRCHEN UND BURGEN

Die Via Cairoli führt zu **Santa Maria delle Carceri**. Giuliano da Sangallo errichtete die Kirche (1484–1495) in Form eines griechischen Kreuzes. Der Zentralbau zeigt im Inneren Hochrenaissance-Architektur (tgl. 7 bis 12, 16–19 Uhr, gratis).

»Das Bankett des Herodes« von Filippo Lippi im Dom zu Prato

Die 1248 von Friedrich II. erbaute mächtige **Kaiserburg** ist mit Anklängen an die apulisch-staufische Burgentradition die einzige ihrer Art in ganz Nord- und Mittelitalien. Sie erinnert an das berühmte Castel del Monte (Mo, Mi–Fr 16–19, Sa, So 10–13, 16–19 Uhr, gratis). Nicht nur für Kinder ist der Weg über einen Korridor und auf den Wehrgängen mit schönen Ausblicken zum **Cassero** interessant.

Etwas weiter erreicht man die Kirche **San Francesco**. Sehenswert sind in dem 1294 gotisch begonnenen Bauwerk die Grabplatte Francesco Datinis (1411), der Kreuzgang aus dem 15. Jh. mit seinen ionischen Säulen sowie der Kapitelsaal mit Fresken von Niccolò Gerini (tgl. 8–12, 16–18.30 Uhr, gratis).

VOM PALAZZO DATINI VOR DIE TORE DER STADT

Man folgt der Via Rinaldesca zum Palazzo Datini aus der Frührenaissance. Die im Archiv des Palastes aufbewahrte Korrespondenz, die der Kaufmann Francesco di Marco Datini (1330–1410) mit Handelspartnern in ganz Europa führte, bildet eine einmalige Quelle zur Wirtschaftsgeschichte der Zeit.

Etwas außerhalb des Stadtkerns lohnt das **Museo d'Arte Contemporanea Luigi Pecci** einen Besuch: Es ist seit seiner Erweiterung und Renovierung (2016) eines der größten Museen für zeitgenössische Kunst in Italien (Viale Repubblica 277, Di–Do, So 10–20, Fr, Sa 10 bis 23 Uhr, Mo geschl., Tel. 05 74 53 17; 10 €, erm. 7 €, www.centropecci.it).

INFOS

APT Prato

Das Monatsheft »Pratomese« (gratis) informiert über Veranstaltungen.

- Prato | Piazza Buonamici 7
  Tel. 0 57 42 41 12
  www.pratoturismo.it (auch auf Dt.)

HOTEL

Hotel Flora €–€€

Angenehmes Hotel im Zentrum mit eher zweckmäßigen Zimmern, Frühstücksbüfett, Terrasse, Garage.

- Prato | Via Cairoli 31 | Tel. 0 57 43 35 21
  www.hotelflora.info

BESONDERE MUSIKEVENTS

- Im römischen Amphitheater in Fiesole lauscht man den **Konzerten** der Estate Fiesolana. > S. 67
- **Opernaufführungen** in faszinierender Atmosphäre finden in der Kirche San Galgano statt. > S. 90
- Die Verbindung des exzellenten Brunello mit erstklassigem Jazz lockt viele Besucher zu **Jazz & Wine** nach Montalcino. > S. 98
- In Pisa finden in der 2. Septemberhälfte die Klassikkonzerte »Anima Mundi« statt (www.opapisa.it, gratis). > S. 114
- In Torre del Lago Puccini werden die **Opern** des Maestros auf einer Seebühne Ende Juli und im August gespielt. > S. 122
- Im Teatro del Silenzio in Lajatico ▌B4 singt einmal im Jahr der Tenor **Andrea Bocelli** (www.teatrodelsilenzio.it).

RESTAURANTS

Enoteca Barni €–€€€

Günstige Mittagsgerichte, abends exzellente Fischgerichte à la carte.

- Prato | Via F. Ferrucci 22
  Tel. 05 74 60 78 45 |
  Mo–Mi mittags, Do–Sa auch abends, Juli und Aug. nur Mo–Fr mittags geöffnet

Osteria Cibbè €

Familientrattoria, saisonale Küche.

- Prato | Piazza Mercatale 49
  Tel. 05 74 60 75 09 | So geschl.

SHOPPING

- In der **Fabbrica di Cantuccini** von Antonio Mattei wird das bekannte Mandelgebäck traditionsgemäß in blauen Schachteln und Tüten verkauft (Via Ricasoli 20–22, Mo geschl.). > **mehr S. 14 Punkt** ⑱
- **Fierucola di Prato,** ein Markt mit Kunsthandwerk und Bioprodukten am 4. Sa und 2. So im Monat auf der Piazza Buonamici (außer Juni–Aug.).
- **Collezionare in Piazza,** Antiquitätenmarkt am 4. Sa/So im Monat auf der Piazza S. Francesco (außer Juni–Aug.).

AUSFLUG NACH POGGIO A CAIANO & CARMIGNANO

POGGIO A CAIANO ⓭ ▌C3

Nur 8 km südlich von Prato liegt in Poggio die herrschaftliche **Medici-Villa**, die zum UNESCO-Weltkulturerbe zählt. Hier ließ sich Lorenzo il Magnifico ab 1480 erstmals ein von der mittelalterlichen Burgentradition losgelöstes Refugium auf dem Lande bauen. Im Sinne der Antike stellte er *otium* – philosophische Gespräche, Müßiggang, Erholung vom Alltag in Florenz und Feste – in den Mittelpunkt. Giuliano da Sangallo gestaltete Lorenzos Villa nach dem Vorbild toskanischer Landhäuser.

In dem zauberhaften Garten besucht man die **Limonaia,** den Zitronengarten. Eine Besonderheit ist das Stilllebenmuseum in der Villa, das **Museo della Natura Morta** (Piazza de' Medici 14, tgl. ab 8.15, Villa jede Std. ab 8.30, Juni–Aug. letzter Einlass 18.30, ab Sommerzeitanfang bis Mai, Sept. bis 17.30, März–Sommerzeitanfang, Okt. bis 16.30, Nov., Feb. bis 15.30 Uhr; 2. und 3. Mo im Monat geschl., gratis; Museum ab 9 Uhr jede Stunde (nicht 13 Uhr); gratis, aber Kartenvorbestellung ist Pflicht: Tel. 0 55 87 70 12).

CARMIGNANO 14 ▌ C3

Das Gütezeichen DOCG › S. 46 tragen die Weine aus dieser 5 km von Poggio entfernten Stadt. Und den Weinen widmet sich das **Weinmuseum** im Keller des Rathauses (Mai–Sept. Di–So 9.30–12.30, 16 bis 19, Okt.–April Di–Sa, 1. So im Monat 9.30–12.30, Mi, Fr, Sa, 1. So im Monat auch 15–18, März–April So. 9.30–12.30 Uhr). Die **Torre del Campano**, einziges Relikt der mittelalterlichen Festung, überragt den Ortskern.

Kunstliebhaber zieht es in die **Kirche San Michele,** die mit der »Heimsuchung« (1528/1529) von Jacopo da Pontormo ein frühes Meisterwerk mit eigenwilliger Farbgebung besitzt.

Jeden 1. So im Monat lockt der **Antiquitätenmarkt** (außer Aug.).

HOTELS

Hotel Hermitage €–€€
Ruhig gelegen in den Hügeln im Ortsteil Bonistallo, Panorama-Restaurant, Pool.
• Poggio a Caiano | Via Ginepraia 112
   Tel. 0 55 87 72 44
   www.hotelhermitageprato.it

Tenuta di Capezzana €
Das herrlich gelegene Anwesen bietet Zimmer und Apartments, auch Koch- und Weinkurse, Tennisplatz, Pool.
• Carmignano | Via Capezzana 100
   Tel. 05 58 70 60 05
   www.capezzana.it

RESTAURANTS

Su pe' i canto €€
Klassische Trattoria mit guter toskanischer Hausmannskost.
• Carmignano | Piazza Matteotti 25
   Tel. 05 58 71 24 90 | Mo geschl.

Il Falcone €–€€
Restaurant mit 50-jähriger Tradition, großartige Grillteller.
• Poggio a Caiano
   Piazza XX Settembre 37
   Tel. 0 55 87 70 65 | Mi geschl.

EVENTS

• **Festival delle Colline:** Hochkarätige Pop- und Rock-Konzerte in den Hügeln am Monte Albano, u. a. in der Villa in Poggio a Caiano (Juni–Juli).
• Beim **Weinfest** am 3. Wochenende im September fließen aus einem Brunnen der Villa in Poggio a Caiano die Monte-Albano-Weine von Carmignano (www.assedioallavilla.it).

VINCI 15 ▮ C3

Leonardo da Vinci (1452–1519), »aus Vinci«, wurde in diesem Dorf geboren (14 600 Einw.). Das mittelalterlich geprägte Zentrum wird noch heute vom **Kastell** der Grafen Guidi beherrscht. Der Ort richtete zu Ehren seines berühmten Sohnes das **Museo Leonardiano** ein. Etwa 50 mechanische Modelle seiner Erfindungen sind hier zu sehen. Eine Abteilung mit technischen Erfindungen (Baumaschinen und Geräte zur Stoffherstellung) beherbergt die nahe **Palazzina Uzielli** (tgl. 9.30 bis 19, Nov.–Feb. 9.30–18 Uhr, Kombiticket mit Geburtshaus, www.museoleonardiano.it). Sehenswert ist auch das **Museo Ideale Leonardo da Vinci** in den Kellergewölben des Kastells (Via Montalbano 2, www.museoleonardo.com). 2 km oberhalb von Vinci besichtigt man in **Anchiano** da Vincis **Geburtshaus** (Nov.–Feb. tgl. 10–17, März–Okt. tgl. 10–19 Uhr, Kombiticket mit Museo Leonardiano).

INFOS

Ufficio Turistico intercomunale
• Vinci | Via della Torre 11
   Tel. 05 71 56 80 12
   www.terredelrinascimento.it
   www.stradadileonardo.org (mit Trekking-Ideen, auch auf Dt.)

RESTAURANT

La Torretta €€
Klassische toskanische Küche und natürlich exzellente *bistecca alla fiorentina*.
• Vinci | Via del Torre 19 | Tel. 057 15 61 00
   www.ristorantelatorrettavinci.com

SHOPPING

Enoteca Dalle Vigne
Weinverkauf der Cantine Leonardo da Vinci sowie über 300 andere Etiketten.
• Vinci
   Strada Provinciale di Mercatale 287
   Tel. 057 11 82 68 23
   www.enotecadallevigne.com

ARTIMINO 16 ▮ C3

Am Rand des Monte Albano liegt Artimino mit dem Jagdschloss des Großherzogs Ferdinand I., der **Villa Medicea La Ferdinanda**, die zum UNESCO-Weltkulturerbe gehört. Der Landsitz in herrlicher Panoramalage wird auch »Villa mit den hundert Kaminen« genannt. Das Archäologische Museum (tgl. außer Mi 9.30–13.30, Sa, So, Fei auch 15 bis 18 Uhr, Nov.–Jan. Sa, So, Fei 9.30–13.30, 14–16 Uhr), das im mittelalterlichen *borgo* liegt, ist sehenswert. Die idyllische Landschaft, der hervorragende Wein und das mittelalterliche Städtchen Artimino verlocken zum Bleiben.

HOTEL

Hotel Paggeria Medicea €€€
Neben der Villa Medicea, schöner Ausblick, sehr gutes Restaurant. Zum Hotel gehören rustikale Apartments im Dorf.
• Artiminio | Viale Papa Giovanni XXIII 1
   Tel. 0 55 87 51 41 | www.artimino.com

SHOPPING

Bottega Peruzzi €
Delikatessenverkauf, serviert auch toskanische Gerichte und Wein.
• Artiminio | Via 5 Martiri 21
   Tel. 05 58 71 83 22 | Winter Mo geschl.

MONTELUPO FIORENTINO

17 📘 C3

In dem schon seit dem 15. Jh. für seine Keramik berühmten Ort beherbergt der **Palazzo Pretorio** das **Museo Contemporaneo** mit Design und Keramik vom Ende des 19. bis ins 21. Jh. (Via Baccio Sinibaldi, wg. Restaurierung geschl.). Das sehr sehenswerte **Museo della Ceramica** zeigt glasierte Keramik (Majolika) von der Antike bis zu neueren Stücken aus Montelupo (Piazza Vittorio Veneto, März–Mitte Okt. Mi–So 10–18, Mitte Okt.–Feb. Di–Fr 10 bis 13, Sa, So 10–18 Uhr; www.museo montelupo.it; im Museum ist auch die Touristeninfo, Tel. 057 15 13 52). Im Juni findet die **Festa Internationale della Ceramica** statt.

Thermalanlagen in Montecatini

HOTEL

Azienda Agricola Il Cavallone €
Apartments inmitten von Olivenhainen und Weinbergen.
• Montelupo | Via Malmantile 12–16
  Tel. (mobil) 33 58 29 04 14
  www.ilcavallone.it

RESTAURANT

Osteria Bonanni €–€€
Ausgezeichnete Gerichte der traditionellen toskanischen Küche.
• Montelupo | Via Turbone 9
  Tel. 05 71 91 34 77
  So mittags und Mo geschl.

SHOPPING

Museo della Ceramiche
Showroom einzelner Betriebe, hier auch Infos; www.stradaceramica.it (nur it.).

La Galleria
Tische mit herrlichen Keramikplatten.
• Montelupo | Via XX Settembre 7

MONTECATINI TERME

18 📘 C3

Zu Beginn des 20. Jhs. entstanden in der Kurstadt (20 500 Einw.) prächtige Thermalanlagen, am bekanntesten ist **Tettuccio**. Im oberen Teil der Stadt wechseln schöne Parks mit Hotels im Stil der Zeit um 1900 ab. Wer mit der Drahtseilbahn nach **Montecatini Alto** (290 m; Ende März–Anfang Nov.) fährt, genießt von dem kleinen Burgstädtchen aus einen schönen Rundblick. Cafés und Restaurants laden an der Piazza Giuseppe Giusti zum Verweilen ein.

INFOS

APT Montecatini/Valdinievole
• Montecatini | Viale Verdi 66
  Tel. 05 72 77 22 44
  www.montecatiniturismo.it

Rund um die Piazza del Duomo stehen Pistoias wichtigste Bauwerke

HOTEL

Hotel Reale €€
Im Zentrum Montecatinis liegt das freundliche Haus mit Garten und Pool. Frühstücksbüfett, auch Restaurant, Fahrradverleih.
• Montecatini | Via Palestro 7
  Tel. 057 27 80 73 | www.hotel-reale.it

SHOPPING

Andrea Slitti
Einer der besten Chocolatiers im sogenannten Chocolate Valley; Shop mit Bar ca. 4 km südöstl. von Montecatini.
• Monsummano Terme
  Via Francesca Sud 1268
  Tel. 05 72 64 02 40 | www.slitti.it
  Mo–Sa 7–13, 15–20 Uhr,
  Nov./Dez. auch So geöffnet, Aug. geschl.

PISTOIA 19 ⭐ 📖 C3

Die lebhafte Stadt (90 200 Einw.) schmiegt sich zwischen die Ausläufer des Apennin und des Monte Albano. Mit ihren alten Läden gehört die mittelalterliche **Via di Straccheria** (eine Abzweigung von der Via Roma) zu den typischen Gässchen. Die pittoreske **Piazza della Sala** gewinnt durch den Markt noch an Atmosphäre. Wein und Olivenöl, Nudeln und Köstlichkeiten wie Salami bekommt man in den Geschäften an der Piazza.

SEHENSWÜRDIGKEITEN

Pistoia geht auf eine römische Gründung zurück. Ihre Blütezeit erlebte die Stadt, nachdem sie 1115 die kommunale Autonomie erlangt hatte. Aus dieser Epoche stammen auch ihre drei romanischen Kirchen, die schon wegen ihrer wunderschönen Kanzeln sehenswert sind: **San Bartolomeo in Pantano**, die reich dekorierte **San Giovanni Fuorcivitas** sowie **Sant'Andrea** nördlich des Domplatzes, deren prachtvolle gotische Kanzel von Giovanni Pisano stammt.

Wer am Mittwoch oder Samstag den **Domplatz** betritt, übersieht vielleicht im Markttrubel das mit weiß-grünen Marmorbändern geschmückte **Baptisterium (**1338–59 nach Plänen von Andrea Pisano).

1108 begann man mit dem Bau des **Doms San Zeno** im romanischpisanischen Stil. Vor der Fassade mit ihren drei übereinander angeordneten Säulenloggien liegt die im 14. Jh. hinzugefügte Vorhalle. Ein Hauptwerk italienischer Schmiedekunst sieht man in der Sankt-Jakobs-Kapelle: den reich geschmückten **Silberaltar**, an dessen 628 Relieffiguren viele berühmte Künstler von 1287 bis 1456 gearbeitet haben. Die Figuren stellen Szenen aus dem Leben Christi und aus dem des Heiligen Jakob dar (Altar Eintritt).

Ein Bogen verbindet den Dom mit dem 1294 begonnenen **Palazzo del Comune**. In seinen freskengeschmückten Sälen befindet sich das **Museo Civico** mit Gemälden aller bedeutenden Epochen der Pistoieser Kunst bis in die Neuzeit (Do–So 10–18 Uhr). Einen Einblick in die Architektur Italiens im 20. Jh. erhält man im **Dokumentationszentrum** des in Pistoia geborenen Architekten Giovanni Michelucci (1891–1990) im zweiten Stock des Palazzo.

Hinter dem Palazzo gelangt man zum **Ospedale del Ceppo**. Im 16. Jh. erhielt die Werkstatt von Giovanni della Robbia den Auftrag für die *tondi* (Rundbilder) und den Majolika-Fries mit den Sieben Werken der Barmherzigkeit, die in der Vorhalle des Ospedale zu sehen sind. Die **Chiesa del Tau** überrascht mit dem komplett ausgemalten Innenraum. Im alten Konvent nebenan ist das dem Künstler Marino Marini (1901–1980) aus Pistoia gewidmete **Museum** untergebracht (Kirche und Museum Mo–Sa April bis Sept. 10–18, sonst 10–17 Uhr).

INFOS
Ufficio Informazioni Provincia Pistoia
• Pistoia
  Piazza Duomo (Palazzo dei Vescovi)
  Tel. 0 57 32 16 22 | www.turismo.pistoia.it

HOTELS
Villa de' Fiori €€
Agriturismo in einer Villa des 17. Jhs., Pool, Spielplatz, Radverleih, Wellness.
• Via di Bigiano e Castel Bovani 39
  (3 km von Pistoia) | Tel. 05 73 45 03 51
  www.villadefiori.it

Artemura Residence €–€€
Mitten im Stadtzentrum übernachtet man im Palazzo Fancelli in 20 exzellent restaurierten und eingerichteten, unterschiedlich großen Apartments.
• Pistoia | Via Bozzi 6/8
  Tel. 05 73 36 66 98
  www.artemuraresidence.com

RESTAURANTS
Baldo Vino €€–€€€
Brillante toskanische Küche, exzellente Weinauswahl, gar nicht so teuer.
• Pistoia | Piazza San Leonardo 5
  Tel. 057 32 15 91 | Sa mittags, So geschl.

La Botte Gaia €–€€
Stets volle Trattoria beim Dom, toskanische Küche, exzellente Weine.
• Pistoia | Via del Lastrone 17
  Tel. 05 73 36 56 02 | Mo geschl.

SIENA & DIE
TERRE DI SIENA

Rund um San Quirico d'Orcia kann
man wunderbar wandern

*Siena fasziniert mit seiner geschlossen mittelalter-
lichen Altstadt. Wahre Schmuckkästchen sind die
Orte der Terre di Siena: In bezaubernde Natur
gebettet, warten sie mit alten Abteien, bekannten
Weinen und feinen Spezialitäten auf.*

Siena und der *Campo,* wie die Ein-
wohner die Piazza del Campo nennen, gehören zusammen wie Pisa
und der Schiefe Turm. Die hohen
rotbraunen Ziegelfassaden zieren
nicht nur den muschelförmigen
Campo, sondern verleihen der gesamten Innenstadt ihre warme Aus-
strahlung. Siena ist eine Stadt der
Gotik. Überall entdeckt man inmitten der Ziegelmauern die kunstvol-
len Erker, Stützbögen und gotischen
Fensterformen. Das Mittelalter charakterisiert auch die Orte nördlich
von Siena, in der **Terre di Siena.**
Die strenge, etwas abseits liegende
Etruskerstadt Volterra und das
Trüffelzentrum San Miniato gehören administrativ zur Provinz Pisa,
das liebenswürdige Certaldo zur
Provinz Florenz, verbunden aber
sind sie durch ihre natürliche Umgebung, ihre Ausrichtung auf das
Elsa-Tal mit den Städten der Terre
di Siena. San Gimignano beeindruckt den Besucher schon bei der
Anfahrt mit seinen UNESCO-ge-
schützten Geschlechtertürmen, das
nahe Glaszentrum Colle di Val
d'Elsa mit mächtigen Palazzi. Die
toskanische Parklandschaft, ein wenig herber und weiter, erstreckt sich
im Süden Sienas, im Val d'Orcia.
Wer im Spätsommer die Crete besucht, wird von braunen, grauen,
trockenen Staubnuancen überrascht,
die eine ganz eigene Faszination
ausstrahlen. Die anmutigen Städtchen Asciano, Montalcino, San Quirico d'Orcia, Bagno Vignoni, Pienza,
Montepulciano und Chiusi warten
mit Kunstschätzen auf, uralten Abteien, berühmten Weinen und Spezialitäten. Hohe Buchenwälder spen-
den dem Wanderer Schatten am
erloschenen Vulkan Monte Amiata,
dem Wahrzeichen der südlichen
Terre di Siena. Mehr Natur erwartet
den Besucher in Abbadia San Salvatore, Santa Fiora oder in den warmen Quellen von Bagni San Filippo.

Der Blumenmarkt bringt Farbe auf die historische Piazza dei Priori (Volterra)

TOUREN IN DER REGION

TOUR 3

SIENA, SAN GIMIGNANO & DAS ELSA-TAL

ROUTE: Siena › Monteriggioni › Colle di Val d'Elsa › Volterra › San Gimignano › Certaldo › San Miniato

KARTE: Seite 84
DAUER: 7 Tage; 127 km
PRAKTISCHE HINWEISE:
- San Gimignano gehört zu den Touristenmagneten der Toskana, darum ist es sinnvoll, Unterkünfte rechtzeitig zu reservieren.
- Die Schönheit der Landschaft erlebt man auf dieser Tour besonders im Frühjahr.

TOUR-START:

Diese Tour beginnt im charmanten **Siena 1** › S. 86, dessen Altstadt-Ensemble zu den UNESCO-Weltkulturerbe-Denkmälern zählt. Man spaziert durch die von hohen Backsteinfassaden gesäumten Gassen und bestaunt zuerst die gotischen Meisterwerke im Dom und im Palazzo Pubblico. In Santa Maria della Scala kann man etruskische wie auch zeitgenössische Kunst sehen. Und immer wieder kehrt man zurück auf den Campo.

Nach zwei Tagen geht es von Siena weiter in das Dörfchen **Monte-riggioni** mit seinen mittelalterlichen, von 14 hoch aufragenden Türmen bewachten Verteidigungsmauern, das zu einem Halt auf dem Weg nach **Colle di Val d'Elsa 3** › S. 90 einlädt. Genießen Sie dort die schöne Aussicht bei einem Essen im oberen Stadtteil. Anschließend lohnt ein Besuch des Kristallmuseums.

Nach der Fahrt durch eine wunderschöne toskanische Landschaft verbringen Sie den Abend in der Alabasterstadt **Volterra 7** › S. 94, in deren *centro storico* das Mittelalter allgegenwärtig ist. Für die Piazza dei Priori, die Besichtigung des Domes und die Kunst der Etrusker im Museo Guarnacci ist am nächsten Tag ausreichend Zeit.

Danach geht es von Volterra in östlicher Richtung weiter nach **San Gimignano 4** › S. 91 mit seiner einzigartigen Skyline. Am Abend und am frühen Morgen erleben Sie den Ort ohne Touristenstrom. Bummeln Sie von Stadttor zu Stadttor, lassen Sie sich die biblischen Geschichten von den Fresken der Collegiata erzählen und genießen Sie abends auf der Piazza della Cisterna ein Glas des erfrischenden lokalen Weißweins Vernaccia.

Im zauberhaften **Certaldo 5** › S. 92 verbringen Sie den nächsten Vormittag. Am Nachmittag können Sie die Kunst des Renaissance-Malers Benozzo Gozzoli im Museo BEGO (Mo, Fr 9–13, Di, Do 16–19, Sa, So 10–12, 16–19 Uhr; www.mu

seobenozzogozzoli.it) im schönen Castelfiorentino bewundern, bevor Sie am Abend die Trüffelmetropole **San Miniato** 6 › S. 93 erreichen, wo der Turm Kaiser Friedrichs II. eine herrliche Aussicht bis fast zum Meer bietet.

TOUR 4

DURCH DIE CRETE INS CHIANA-TAL

ROUTE: Siena › Asciano › Abbazia di Monte Oliveto Maggiore › Montalcino › Abbazia di Sant'Antimo › Bagno Vignoni › San Quirico d'Orcia › Pienza › Montepulciano › Chiusi

KARTE: Seite 84
DAUER: 5 Tage (ohne Wandern oder Biken); 135 km
PRAKTISCHE HINWEISE:
- Auch für diese Region gilt: rechtzeitig reservieren!
- Vor allem im Frühjahr ist die Landschaft auf dieser Tour außerordentlich reizvoll, im Sommer flirrt die Hitze, im Herbst prägen die abgeernteten Schollen das Bild.

TOUR-START:

Die Tour führt von **Siena** 1 › S. 86 aus in die Crete, die im Spätsommer fast wüstenhafte Hügellandschaft im Süden Sienas. Über das hübsche Städtchen **Asciano** 8 › S. 96, den Hauptort der Crete, geht es weiter zur **Abbazia di Monte Oli-**

veto Maggiore 9 › S. 97. Die großartigen Fresken im Kreuzgang der Abtei sind ein unvergessliches Erlebnis. Es empfiehlt sich, im lieblichen **Montalcino** 10 › S. 97 zu übernachten, wo Sie am folgenden Tag Kunst der Antike und des Mittelalters in den Musei Civici anschauen können, bevor Sie in der Enoteca der Fortezza den exzellenten Brunello di Montalcino verkosten, einen der berühmtesten Rotweine Italiens.

Von Montalcino liegen Ausflüge zur **Abbazia di Sant'Antimo** 11 › S. 98 mit ihrer romanischen Kirche und in den Thermalort **Bagno Vignoni** 12 › S. 98 mit seinem Renaissance-Wasserbecken nahe.

Am dritten Tag fahren Sie durch die fruchtbare Landschaft des **Val d'Orcia**. In **San Quirico d'Orcia** 13 › S. 99 spaziert man zur romanischen Stiftskirche und zur Gartenanlage Horti Leonini.

Nordöstlich von San Quirico d'Orcia liegt **Pienza** 14 › S. 99. In der »Idealstadt«, wie das Val d'Orcia Weltkulturerbe der UNESCO, liegt die vollkommenste Renaissance-Piazza der Toskana, die Piazza Pio II. Berühmt ist Pienza auch für den Pecorino. Die Renaissance-Kirche San Biagio grüßt am nächsten Morgen bei der Anfahrt nach **Montepulciano** 15 › S. 100. Lassen Sie das Auto für den Rest des Tages stehen und kosten Sie in den Kellern der Weinerzeuger den herausragenden Vino Nobile.

Nach einer weiteren Übernachtung geht es am Ende der Tour in die bedeutende Etruskerstadt **Chiusi** 16 › S. 101.

TOUR 5

AM MONTE AMIATA

ROUTE: Abbadia San Salvatore › Santa Fiora › Arcidosso › Parco Faunistico › Monte Labbro › Seggiano › Bagni San Filippo › Radicofani

KARTE: Seite 84
DAUER: 3 Tage (ohne Wandern); 107 km
PRAKTISCHER HINWEIS:
• Am Monte Amiata ziehen auch im Sommer Wolken auf – Vorsicht beim Fahren, es herrscht dann wenig Sicht! Wanderer benötigen wetterfeste Kleidung. Im Winter liegt Schnee. Autofahrer sollten an Schneeketten denken.

TOUR-START:

Düster, dunkel und abweisend, bei tief hängenden Wolken fast etwas unheimlich wirkt der Borgo von **Abbadia San Salvatore** 17 › S. 102, Ausgangspunkt für die Tour um den Monte Amiata. Von Abbadia aus führen schöne Wanderungen unterschiedlicher Schwierigkeitsgrade auf den Berg, aber auch eine gut ausgebaute Straße bis 200 m unter den Gipfel. Das reizende **Santa Fiora** 18 › S. 103 eignet sich für eine Übernachtung. Am nächsten Tag bewundern Sie dort die Terrakotten von Andrea Della Robbia in der romanischen Pieve, bevor Sie die mächtige Rocca Aldobrandesca in

TOUREN IN DEN TERRE DI SIENA

TOUR 3

SIENA, SAN GIMIGNANO & DAS ELSA-TAL

Siena › Monteriggioni › Colle di Val d'Elsa › Volterra › San Gimignano › Certaldo › San Miniato

Arcidosso erwartet. Ein echtes Highlight für Familien mit Kindern ist der Abstecher zum **Parco Faunistico** › S. 103 am 1193 m hohen **Monte Labbro,** mit traumhafter Aussicht bis zum Meer. Kunstliebhaber fahren hingegen direkt nach **Seggiano** in den Park von Daniel Spoerri › S. 105. Nach einer weiteren Übernachtung am Monte Amiata führt die Tour am nächsten Tag hinunter in das kleine Thermalbad **Bagni San Filippo** 19 › S. 103 mit seinem weißen Wasserfall. Noch

vor dem Sonnenuntergang sollten Sie **Radicofani** 20 › S. 103 erreichen, das 814 m hoch über dem Orcia-Tal liegt: Die Aussicht über die Landschaft lohnt die Fahrt hinauf allemal.

VERKEHRSMITTEL

Will man die Reize der Terre di Siena erkunden, empfiehlt sich das eigene Auto oder ein Mietwagen. Überlandbusse fahren zwar alle Orte an (www.tiemmespa.it, www.cpt.pisa.it), doch sie verkehren tagsüber nicht sehr häufig und abends gar nicht.

UNTERWEGS IN DER REGION

SIENA 1 📖 D5

Seine wirtschaftliche Entwicklung verdankte Siena (53 800 Einw.) der Lage an der alten Frankenstraße. Diese wichtige Handelsstraße brachte Siena Reichtum und erlaubte die Errichtung der gotischen Bauwerke, die das Stadtbild prägen. Infolge der Pest (1348) und der Jahre des wirtschaftlichen Niedergangs verlor Siena an Bedeutung. Nach einer letzten Blüte in der Renaissance setzte Kaiser Karl V. 1555 nach monatelanger Belagerung der Selbstständigkeit des Stadtstaates ein Ende.

PIAZZA DEL CAMPO A ⭐ 3 📖 b3

Ein Rundgang durch die Stadt beginnt am geschlossenen Ensemble der Piazza aus dem 13. Jh. Sie gilt als einer der schönsten Plätze der Welt. Am besten setzt man sich in eines der Cafés oder einfach auf den Bo-

den und lässt den Campo auf sich wirken. Der muschelförmige Platz ist der Stolz der Bewohner. Hier schlägt das Herz der Stadt.

Das zinnenbekrönte Rathaus, der **Palazzo Pubblico** B 📖 b3, entstand 1297 bis 1342. Es schließt den Campo auf geniale Weise ab. Der Bau weist im Obergeschoss aus Backstein die typischen Sieneser Fenster auf: Drei gotische Bogen, eingefasst von einem Spitzbogen – gut zu erkennen auch am **Palazzo Sansedoni** C 📖 b2.

Der Aufgang zur **Torre del Mangia,** die mit 102 m Höhe einst den Stolz Sienas verkörperte, liegt im Palazzo Pubblico, dort ist auch der Zugang zum sehr interessanten **Museo Civico** (Turm: Mitte März–Okt. 10–19, sonst bis 16 Uhr; Museum: Mitte März–Okt. 10–19, Nov. bis Mitte März 10–18 Uhr; je 10 €, beide zusammen 13 €).

ZWISCHEN PIAZZA DEL CAMPO UND DOM

An der **Croce di Travaglio** Ⓓ 📘 b2 treffen drei belebte Flaniermeilen zusammen: Via Banchi di Sopra, Via Banchi di Sotto und Via di Città. Hier findet jeden Abend der *corso* statt: Sehen und vor allem gesehen werden, lautet dabei die Devise.

Großartige Werke der Sieneser Malerei vom 12. bis zum 17. Jh., darunter viele Madonnenbildnisse mit besonderem Charme, zeigt die **Pinacoteca Nazionale** Ⓔ 📘 b3 im Palazzo Buonsignori (Di–Sa 8.15 bis 19.15, sonst 9–13 Uhr, 4 €, erm. 2 €).

DOM Ⓕ ⭐ 📘 b3

Der Grundstein zum Dom wurde Ende des 12. Jhs. gelegt; erst Mitte des 14. Jhs. war der Bau fertiggestellt. Die reich skulptierte Fassade von Giovanni Pisano (1284 begonnen) ist die erste in Italien mit einem einheitlichen Bildprogramm. Im Inneren besticht der einzigartige Marmorfußboden: Die Arbeit an den 56 »Gemälden« dauerte über 100 Jahre, bis ins 16. Jh.

Die von Nicola Pisano 1266 bis 1268 geschaffene achteckige **Kanzel** aus Sieneser Marmor ist ein Höhepunkt der mittelalterlichen Skulptur. Ein prachtvoller Freskenzyklus von Pinturicchio erwartet die Besucher in einem wunderschönen Renaissance-Raum, der **Libreria Piccolomini** (Zugang vom linken Seitenschiff). Die Kathedrale prunkt mit herausragenden Kunstwerken (So, Fei 13.30–17.30, Mo–Sa März bis 2. Nov. und Weihnachten 10.30 bis 19.30, 3. Nov.–Feb. 10.30 bis 17.30 Uhr, je nach Saison 8–15 €; verschiedene Kombitickets für alle Museen und Kirchen möglich, darunter der »Opa Si Pass«, je nach Saison 13–15 €).

Für viele ist die Piazza del Campo der schönste Platz der Welt

TAUFKIRCHE SAN GIOVANNI

ⓖ 🏛 b3

Als man den Chor des Doms 1316 erweiterte, wurde zur Abstützung die Errichtung einer Unterkirche notwendig, der heutigen Taufkirche San Giovanni. Allein schon das **Taufbecken,** das Meisterwerk Jacopo della Querias, lohnt den Besuch. An seinen »Szenen aus dem Leben Johannes' des Täufers« wirkten Donatello und Lorenzo Ghiberti mit.

Ⓐ Piazza del Campo	Ⓕ Dom	Ⓙ Santuario
Ⓑ Palazzo Pubblico	Ⓖ San Giovanni	Cateriniano
Ⓒ Palazzo Sansedoni	Ⓗ Dombaumuseum	Ⓚ San Domenico
Ⓓ Croce di Travaglio	Ⓘ Ospedale Santa Maria	Ⓛ Palazzo Salimbeni
Ⓔ Pinacoteca Nazionale	della Scala	

Das prächtige Baptisterium ist zudem mit großartigen Fresken aus dem 15. Jh. geschmückt. Herrliche Fresken aus dem späten 13. Jh. sieht man nebenan in der 2004 bei Ausgrabungen freigelegten Krypta (Tel. 05 77 28 63 00, www.operaduomo. siena.it; Öffnungszeiten wie Dombaumuseum ▶ unten).

DOMBAUMUSEUM ⓗ ▮ b3
IM NEUEN DOM

Der Neue Dom, 1339 begonnen, war so monumental geplant, dass er den alten Dombau als Querschiff (!) in sich aufnehmen sollte. Das gigantische Projekt, als Konkurrenz zur Kathedrale in Florenz gedacht, musste 1348 wegen der Pestepidemie aufgegeben werden. In den drei fertiggestellten Seitenschiffjochen befindet sich nun das Dombaumuseum, das einzigartige Werke der sienesischen Kunst zeigt und eine der schönsten Aussichten auf die Stadt bereithält (März–2. Nov. und Weihnachten tgl. 10.30–19, 3. Nov. bis Feb. tgl. 10.30–17.30 Uhr).

OSPEDALE SANTA MARIA
DELLA SCALA ❶ ▮ b3

Der Bau gegenüber dem Dom diente im Mittelalter als Pilgerhospiz und bis in die 70er-Jahre des 20. Jhs. als Krankenhaus. Die freskengeschmückten Säle nehmen heute die Sammlungen des Museo Archeologico Nazionale auf sowie Ausstellungen zeitgenössischer Kunst des SMS Contemporanea (April bis Anfang Nov. tgl. 10.30–18.30, sonst 10.30–16.30 Uhr; www.santamaria dellascala.com, 9 €).

SANTUARIO CATERINIANO ⓙ
▮ b2 & SAN DOMENICO ⓚ ▮ a2

Der hl. Katharina von Siena ist das Santuario Cateriniano (tgl. 9 bis 12.30, 15–18 Uhr, gratis) gewidmet. Es entstand um das Wohnhaus der Caterina Benincasa (1347–1380), die 1939 zur Schutzpatronin Italiens erhoben wurde. Sie setzte sich beständig für den Frieden ein und hinterließ fast 400 Briefe, wertvolle Dokumente ihrer Zeit. In einer Kapelle in San Domenico, ausgemalt mit Fresken von Giovanni Antonio Bazzi, genannt il Sodoma, ruht ihr Schädel in einem Reliquienbehälter.

PIAZZA SALIMBENI ⓛ ▮ b2

Zu den harmonischsten Plätzen der Stadt zählt diese Piazza mit ihren imposanten Palästen. Der Palazzo Salimbeni in der Mitte ist Sitz des Monte dei Paschi, des ältesten Bankhauses der Welt (1472 gegr.). In der hier beginnenden Via Banchi di Sopra lockt eine Sieneser Institution: das Caffè Alessandro Nannini, das dem Bruder der Rocksängerin Gianna Nannini gehört. Seit drei Generationen gibt es hier den besten Kaffee der Stadt, dazu allerlei typisch toskanisches Naschwerk.

INFOS

Infobüro Terre Siena

Organisiert Weintouren, Nordic-Walking-Touren (1. Sa. im Monat); Infos zu Siena, Umgebung und Sport; tgl. Stadtführungen 11 Uhr (auf Engl., Ital.)

• Siena | Piazza del Duomo 1
   Tel. 05 77 28 05 51 | www.terresiena.it
   April–Okt. 9.30–18, Nov.–März Mo–Sa 10 bis 17, So, Fei 10–13 Uhr

HOTELS

Hotel Certosa di Maggiano €€€
Luxus im Kartäuserkloster von 1314.
- Siena | Strada di Certosa 82
  Tel. 05 77 28 81 80
  www.certosadimaggiano.com

Chiusarelli €€
Im Stadtkern in einer klassizistischen
Villa, Frühstücksbüfett
- Siena | Viale Curtatone 15
  Tel. 05 77 28 05 62
  www.chiusarelli.com

RESTAURANTS

Osteria Le Logge €€€
Küche vom Feinsten, erlesene Weine.
- Siena | Via del Porrione 33
  Tel. 0 57 74 80 13 | So geschl.

La Compagnia dei Vinattieri €€
Stilvolle Weinbar mit Salami- und Käse-
spezialitäten, auch warme Gerichte.
- Siena | Via delle Terme 79
  Tel. 05 77 23 65 68 | kein Ruhetag

Papei €
Trattoria mit guter Hausmannskost.
- Siena | Piazza del Mercato 6
  Tel. 05 77 28 08 94
  kein Ruhetag

SHOPPING

- In der **Antica Drogheria Manganelli,** Via
  di Città 73, erhält man seit 1879 *Panforte,*
  ein Gebäck mit Mandeln, Früchten und
  Gewürzen.
- Die **Cantina del Brunello di Montalcino,**
  malerisch im Zentrum gelegen, bietet
  neben einer großen Brunello-Auswahl
  auch andere erlesene Toskaner (Mo–Sa
  9.30–19 Uhr, So geschl., www.cantinadel
  brunello.com).

AKTIVITÄTEN

Giro delle Terre di Siena: 390 km mit dem
Fahrrad durch die Provinz Siena; Infos: **Terre Siena** > S. 89; zu einzelnen Gegenden
der Provinz sehr gute Tourenbeschreibun-
gen (Ital./Engl.) unter www.terresiena.it.

AUSFLUG NACH
SAN GALGANO 2 C6

33 km südwestlich von Siena steht
das einst mächtigste Kloster der Gegend heute einsam im Grünen. Gotische Strebepfeiler ragen gen Himmel, eine Wiese bildet den Fußboden
– sehr atmosphärisch und ruhig. Die
Opernaufführungen in der zweiten
Julihälfte üben eine ganz eigene
Faszination aus (Tel. 05 77 75 67 38,
www.sangalgano.info oder www.
boxol.it).

COLLE DI VAL D'ELSA
3 ◫ C5

Mittelalterlich präsentiert sich diese
Burgstadt (21 500 Einw.). Der Reichtum ihrer Bürger erlaubte den Bau
vieler Paläste. Seit etruskischer Zeit
wurden die Mineralvorkommen der
Gegend ausgebeutet, im Mittelalter
kamen Woll- und Seidenindustrie
sowie Papierherstellung hinzu.

1478 entstand hier eines der ersten Buchdruckzentren Italiens. Auch
die Glasindustrie ist hier heimisch.
Das **Museo del Cristallo** zeigt herrliche Stücke (Via dei Fossi, derzeit
wg. Renovierung geschlossen, viele
Ausstellungsstücke befinden sich in
der Via del Castello 33).

Heute liegt das industrielle Colle in der Unterstadt, der **obere Stadtteil** konnte seinen schönen, mittelalterlichen Charakter bewahren.

INFOS
Pro Loco
- Colle di Val d'Elsa | Via del Castello 33/b
  Tel. 05 77 92 27 91 | www.terresiena.it

HOTEL
La Vecchia Cartiera €–€€
Modernes Hotel in einer ehemaligen Papierfabrik aus dem 13. Jh., Restaurant.
- Colle di Val d'Elsa
  Via Oberdan 5 | Tel. 05 77 92 11 07
  www.lavecchiacartiera.it

RESTAURANT
Dietro le Quinte €€
Toskana-Küche mit frischen Kräutern, hausgemachten Nudeln.
- Colle di Val d'Elsa
  Vicolo della Misericordia 14
  Tel. 05 77 92 04 58 | Winter Do geschl.

SHOPPING
Glas- und Kristallkunst gibt es z. B. bei Collevilca, Loc. San Marziale 24 (www.collevilca.it).

AKTIVITÄTEN
Sentierelsa: Schöner Spaziergang (2 km) entlang des Flusses Elsa von Gracciano (4 km südlich von Colle) bis San Giorgio.

SAN GIMIGNANO
4  C4

In der Hügellandschaft wirken die 13 erhaltenen der einst 72 mittelalterlichen Geschlechtertürme von San Gimignano von Weitem wie Wolkenkratzer. Einst durchquerte die Frankenstraße den Ort, ihr Bedeutungsverlust führte im 14. Jh. zur wirtschaftlichen Krise. Geld für Neubauten fehlte, die Häuser aus dem 11. und 12. Jh. wurden kaum mehr verändert. Heute schlägt das

Piazza della Cisterna in San Gimignano

Herz des Orts auf der schönen **Piazza della Cisterna.** Gleich hinter der Piazza wartet mit dem **Domplatz** ein weiteres Glanzstück San Gimignanos. An der Frontseite des 1288 fertiggestellten **Palazzo del Popolo** öffnet sich eine der ältesten Loggien der Toskana. Im Palazzo zeigen die **Musei Civici** sienesische Kunst des 13. und 14. Jhs. (April–Sept. 9.30 bis 19, Okt.–März 11–17 Uhr, Sammeltickets für alle städtischen Museen; www.sangimignanomusei.it). Auf den 54 m hohen Palastturm, die **Torre Grossa,** zu steigen, lohnt sich wegen des grandiosen Panoramas, das man auch von der Burg, der **Rocca** (14. Jh.), aus genießt (gratis).

Einmalig sind in der romanischen **Collegiata Santa Maria Assunta** die »Bibeln des Volkes«, fast vollständig erhaltene Fresken von Sieneser Malern des 14. Jhs. (April–Okt. Mo bis Fr 10–19.10, Sa 10–17.10, So, Fei 12.30–19.10, 1.–15. Nov., Dez. bis 15. Jan., Feb., März Mo–Sa 10 bis 16.40, So, Fei 12.30–16.40 Uhr).

Vom Domplatz schlendert man nördlich durch die Via S. Matteo zu **Sant'Agostino**. Die Hauptchorkapelle der gotischen Bettelordenskirche überrascht mit 17 Fresken von Benozzo Gozzoli zum Leben des hl. Augustinus (gratis).

Falls Sie noch Lust auf ein bisschen Grusel haben: In San Gimignano gibt es gleich zwei Foltermuseen, das **Museo degli strumenti di tortura** und das **Museo della Tortura e della Stregoneria** (beide Winter Sa, So, Sommer tgl., Tel. 05 77 94 22 43 bzw. 05 77 94 05 26). › mehr S. 19 Punkt **48**

INFOS

I.A.T.

Organisiert Wanderungen; Di, Do Führungen durch die Weinkeller San Gimignanos (Anmeldung bis 18 Uhr am Vortag). Verkauf von Trekking-Karten für die Umgebung.

- San Gimignano | Piazza del Duomo 1
  Tel. 05 77 94 00 08
  www.sangimignano.com

HOTEL

Leon Bianco €€

Am schönsten Platz der Stadt in einem restaurierten Palast aus dem 11. Jh.

- San Gimignano | Piazza della Cisterna 13
  Tel. 05 77 94 12 94 | www.leonbianco.com

RESTAURANTS

Osteria delle Catene €€

Man sitzt unter Steinbögen, traditionelle Küche wie Wildschweinwürste.

- San Gimignano | Via Mainardi 18
  Tel. 05 77 94 19 66
  März–Dez. geöffnet, Mi geschl.

Perucà €–€€

Feine toskanische Küche in mittelalterlichen Kellerräumen.

- San Gimignano | Via Capassi 16
  Tel. 05 77 94 31 36 | Do geschl.

CERTALDO **5** 📖 C4

Certaldo (16 200 Einw.) ist die Heimatstadt von Giovanni Boccaccio, der mit dem *Decamerone* eines der Hauptwerke der italienischen Literatur schuf. An der Via Boccaccio des Stadtteils **Certaldo Alto** reihen sich alle Sehenswürdigkeiten des Ortes: das **Haus Boccaccios,** die außen schlichte, romanische Kirche **San Jacopo e Filippo** mit dem **Museo**

In der Enoteca Boccaccio trifft man sich zum entspannten Mittagssnack

di Arte Sacra und der **Palazzo Pretorio** (alle außer Arte Sacra: April bis Okt. tgl. 9.30–13.30, 14.30–19, Nov.–März bis 16.30 Uhr, Di geschl., Sammelticket 6 €; Arte Sacra Di–So 10–18, Winter 10–17 Uhr; Infos Tel. 05 71 66 12 65).

Eine wohlschmeckende toskanische Brotzeit kann man in der **Enoteca Boccaccio** (Nr. 37) genießen.

HOTEL

Guesthouse Boccaccio €–€€
Stilvoll übernachten kann man in den Apartments in einem Palazzo des 14. Jhs.
• Certaldo | Via Boccaccio 32
Tel. (mobil) 33 95 33 45 66
www.guesthouseboccaccio.it

RESTAURANT

Osteria del Vicario €€€
In einem mittelalterlichen Kloster, exklusive Küche, auch Zimmer (€€).

• Certaldo | Via Rivellino 3
Tel. 05 71 66 78 09 | So Abend, Mo geschl.

SAN MINIATO 6 ▮ C4

Das schon von Weitem sichtbare Wahrzeichen der Kleinstadt (27 900 Einw.) San Miniato ist der **Turm Kaiser Friedrichs II.**, der letzte Überrest der Kaiserburg (13. Jh.), der einen traumhaften Panoramablick über das Tal des Arno bietet (April–Juni, Sept., Okt. Di–So 11 bis 18, Juli–Aug. Di–So 10–13, 15–19, Nov.–März Di–So 11–17 Uhr).

Unterhalb, am Domplatz, liegt der **Palazzo dei Vicari Imperiali** (12. Jh.), ihm gegenüber die romanische Fassade des **Doms**. Günstiges Sammelticket (mit Turm) für die Museen und Sehenswürdigkeiten der Stadt (alle außer Museo Diocesano Mo geschl.).

INFOS

San Miniato Promozione
Hat eine gute Wanderkarte.
- San Miniato | Piazza del Popolo 1
  Tel. 0 57 14 27 45
  www.sanminiatopromozione.it

HOTEL

Villa Sonnino €–€€€
In einer Villa des 16. Jhs., Restaurant.
- San Miniato | Ortsteil Catena
  Via Castelvecchio 9/11
  Tel. 05 71 48 40 33
  www.villasonnino.com

RESTAURANT

Il Convio San Maiano €€
In einem Bauernhaus des 19. Jhs.; feine
toskanische Küche, eigenes Olivenöl, in
der Saison Trüffel.
- San Miniato | Via San Maiano 2
  Tel. 05 71 40 81 14

SHOPPING

Am ersten So im Monat (außer Aug.) finden
ein Antiquitätenmarkt und ein Kunsthandwerksmarkt statt, am dritten So der Bau-
ernmarkt (außer Aug.).

EVENT

Novembre Sanminiatese: Musik, Kultur
und Trüffelessen, an den letzten drei
Wochenenden im Nov. und am ersten Dez.-
Wochenende findet der Weiße-Trüffel-
Markt statt.

VOLTERRA 7 ⭐ 📖 C5

Die Landschaft entlang der Straße
hinauf nach Volterra (10 540 Einw.)
bezaubert durch ihre oftmals herbe
Schönheit, die auf die Stadt ein-
stimmt. Weithin sichtbar dominiert
der Hügel die Flusstäler der Cecina
und der Era.

Die strategische Lage wählten die
Etrusker für eine wichtige Stadt, Ve-
lathri, die zu einem Bündnis von
zwölf Städten in Etrurien gehörte.
Ende des 12. Jhs. freie Kommune,
geriet Volterra 1361 unter florenti-
nische Herrschaft.

Die Kunst der Alabasterverarbei-
tung von den Etruskern bis heute
lernt man im **Ecomuseo dell'Ala-
bastro** kennen (Via de' Sarti, Eingang in der Pinakothek; Mitte März
bis Anf. Nov. 10–19 Uhr, Winter ca.
bis 16 Uhr; Sammelticket für alle
Museen 14 €, Familienticket 22 €).

PIAZZA DEI PRIORI

Die Piazza besticht durch ihren
herben Charakter, der heute noch
typisch für viele Straßenzüge in
Volterra ist. Der namengebende
Palazzo ist der älteste erhaltene
Kommunalpalast der Toskana
(Bauzeit 1208–1254) und diente als
Vorbild für den Palazzo Vecchio in
Florenz › S. 58. Sehenswert sind das
Vestibül sowie die Prunkräume
(März–Okt. tgl. 10.30–17.30, Nov.
bis Feb. Sa, So 9–17 Uhr).

DOM

Von der Piazza ist es nicht weit zum
romanischen Dom Santa Maria Assunta aus dem frühen 12. Jh. Das
dreischiffige Innere erhielt im
16. Jh. eine prächtige Kassettende-
cke. Ein Meisterwerk romanischer
Holzbildhauerkunst ist im rechten
Querschiff die »Kreuzabnahme«
(13. Jh.). Beeindruckend sind die
fantasievollen Reliefs der von Fabel-

Volterra präsentiert ein mittelalterliches Stadtbild

wesen getragenen Kanzel. Die Terrakotta-Gruppen aus der Werkstatt Andrea della Robbias in der **Cappella dell'Addolorata** mit dem Fresko »Anbetung der Könige« von Benozzo Gozzoli lohnen einen zweiten Blick.

MUSEO ETRUSCO GUARNACCI

Über 600 Graburnen kann man hier bewundern (Mitte März–Anf. Nov. 9–19, sonst 10–16.30 Uhr; mit dt. Begleittexten). Sie geben einen einmaligen Einblick in die Kunst der Etrusker. Die berühmte »Urna degli sposi« (Urne des Ehepaars) zeigt, zu welchem Realismus etruskische Künstler in späterer Zeit fanden. Die Eintrittskarte für das Museum gilt auch für die **Pinakothek** im Palazzo Minucci Solaini (geöffnet wie Museo Etrusco) und das **Museo di Arte Sacra** in der Kirche Sant'Agostino. › mehr S. 16 Punkt 27

Durch die **Porta San Francesco** gelangt man zu den *balze*, den spektakulären Felsabbrüchen des tonhaltigen Gesteins durch die jahrhundertelange Erosion.

INFOS
Ufficio Turistico
• Volterra | Piazza dei Priori 20
Tel. 0 58 88 72 57
www.volterratur.it |www.provolterra.it

HOTEL
Albergo Etruria €–€€
Hotel mit Etrusker-Relikten, üppiges Frühstücksbüfett, hübscher Garten.
• Volterra | Via Matteotti 32
Tel. 0 58 88 73 77
www.albergoetruria.it

RESTAURANT
La Carabaccia €
Familiäre Trattoria Nähe Museo Etrusco, die täglich zwei wohlschmeckende Vor- und zwei Hauptspeisen anbietet.
• Volterra | Piazza XX Settembre 4–5
Tel. 058 88 62 39
So abends, Mo geschl.

SHOPPING

Zu den Alabasterwerkstätten und anderen traditionellen Handwerksbetrieben: **Arte in Bottega,** Volterra, Via dei Sarti 15, Tel. 0 58 88 61 84, www.arteinbottegavolterra.it (Website mit Adressen der Handwerker).

EVENTS

Astiludio Fahnenschwinger zeigen ihre Kunst (Ende Aug. oder Anf. Sept.).
Volterra Jazz (Ende Juli/Anfang Aug.)

ASCIANO 8 ▮ D5

Der mit 7100 Einw. größte Ort der Crete beherrscht das Umland von einem Hügel über dem Ombrone-Tal. Wer die Hauptstraße Corso Matteotti entlangspaziert, sieht sich von mittelalterlicher Bausubstanz umgeben. Dass schon die Etrusker die exponierte Lage zu schätzen wussten, beweisen die Grabbeigaben im **Museo Civico Archeologico,** das wie auch das **Museo d'Arte Sacra** im Palazzo Corboli am Corso Matteotti 114 zu finden ist (Mi–So, Winter Fr–So, 13–15 Uhr geschl., Tel. 05 64 71 95 24).

HOTEL

Borgo Casabianca €€–€€€
Alte Villa mit umliegenden Landhäusern, Pool, Wellness-Center, Restaurant.
• Asciano | Ortsteil Casa Bianca
  Tel. 05 77 70 43 62
  www.casabianca.it

RESTAURANT

La Mencia €–€€
In einer alten Ölmühle mit Garten, toskanische Küche, abends Pizza.
• Asciano | Corso Matteotti 85
  Tel. 05 77 71 82 27 | Mo geschl.

SHOPPING

Mercatino delle Crete: Von Apr.–Nov. gibt es jeden 2. So im Monat von 10–20 Uhr im Stadtzentrum Bioprodukte und Kunsthandwerk zu kaufen.

Zwischen Olivenhainen und Zypressen liegt das Kloster Monte Oliveto Maggiore

EVENTS

- **Settembre Ascianese:** Reichhaltiges Kulturprogramm.
- **Palio dei Ciuchi:** Stimmungsvolles Stadtfest in der ersten Sept.-Hälfte mit historischen Umzügen und viel Spektakel (www.visitcretesenesi.com).

AUSFLUG NACH MONTE OLIVETO MAGGIORE **9** 🗺 D6

Von Asciano fährt man auf einer wunderschönen Strecke 8 km zur Abtei Monte Oliveto Maggiore. Sieneser Adelige gründeten auf dem waldreichen Hügel ein **Benediktinerkloster,** das mit seinen herrlichen **Fresken** einen der schönsten Kreuzgänge in der Toskana beherbergt (Sommer tgl. 9.15–12, 15.15 bis 18, sonst bis 17 Uhr, gratis; www. monteolivetomaggiore.it). In dem Verkaufsraum hinter der Kirche gibt es den ausgezeichneten Klosterlikör.

RESTAURANT

La Locanda del Castello €€
In der Trüffelstadt San Giovanni kostet man natürlich die lokale Spezialität.

- San Giovanni d'Asso
  (8 km von Monte Oliveto Maggiore)
  Piazza V. Emanuele II 4
  Tel. 05 77 80 29 39
  Di geschl. außer im Hochsommer

VAL D'ORCIA

Weite Hügel kennzeichnen die in der Renaissance ausgeformte Kulturlandschaft des UNESCO-Welterbes Orcia-Tal (www.valdorcia.com).

MONTALCINO **10** ⭐ 🗺 D6

Das Panorama vom Wehrgang der **Rocca** sollte man vor dem Besuch der Enothek der Festung genießen! Dort gibt es deftige Brotzeiten zum exzellenten Brunello, den man natürlich auch kaufen kann (tgl. Sommerzeit 9–20 Uhr, sonst 9–18 Uhr).

Die Via Ricasoli bringt Sie zu den **Musei Civici** im ehemaligen Konvent Sant'Agostino (Di–So 10–13, 14–17.40 Uhr). Ein Spaziergang führt durch die mittelalterlichen Straßen zur zentralen **Piazza del Popolo,** wo der wappengeschmückte **Palazzo Comunale** (14. Jh.) steht. Das Flair des frühen 20. Jhs. erlebt man im **Caffè Fiaschetteria.** An der Piazza Cavour informiert die **Winzervereinigung** über die Fattorie und ihre Weine (Mo–Do 9 bis 13.30, 14.30–18, Fr bis 17 Uhr; www. consorziobrunellodimontalcino.it).

INFOS

Ufficio del Turismo

- Montalcino | Costa del Municipio 1
  Tel. 05 77 84 93 31
  www.prolocomontalcino.com

HOTEL

Il Giglio €€
Historisches Haus mit zwölf Zimmern in rustikal-toskanischem Stil, herrliche Aussicht. Die Signora des Familienbetriebs kocht im hauseigenen Restaurant.

- Montalcino | Via Soccorso Saloni 5
  Tel. 05 77 84 65 77 | www.gigliohotel.com

RESTAURANT

San Giorgio €
Klassische toskanische Küche, abends auch Pizza.

• Montalcino | Via S. Saloni 10/14
Tel. 05 77 84 85 07 | kein Ruhetag

EVENTS

• **Jazz & Wine:** mittlerweile ein Klassiker für Jazz- und Brunellofans, Mitte Juli, die meisten Konzerte sind in der Rocca von Montalcino.

SPITZENWEINE EINKAUFEN

• Eine Auswahl der besten Chianti hat die **Enoteca del Gallo Nero** in **Greve in Chianti.** › S. 69
• Den leichten **Vernaccia von Guicciardini-Strozzi** bekommen Sie in den Geschäften in **San Gimignano** ◾ C4 besonders günstig.
• In der **Enothek** in der Burg von **Montalcino** probieren Sie den exzellenten Brunello und werden gut beraten. › S. 97
• In **Montepulciano** verkostet (und ersteht) man einen der besten Rotweine Italiens, den Vino Nobile di Montepulciano, in der **Enothek des Erzeugerverbandes** ◾ E6 im Palazzo del Capitano an der Piazza Grande, Mitte April–1. Nov. Mo–Sa 13–17 Uhr, Winter geschl., www.consorziovinonobile.it
• Die edlen Supertuscans der **Marchesi Incisa della Rocchetta** kaufen Sie in der **Enoteca** des Gutes in San Guido bei Bolgheri ◾ B6.
• In Siena finden Sie bei der **Cantina del Brunello di Montalcino** nicht nur eine große Auswahl an Brunello, sondern auch andere exzellente Weine. › S. 90

• **Festival Internazionale di Musica da Camera:** Mitte Juli
Infos und Tickets für beide Events: www.prolocomontalcino.com.

AUSFLUG ZUR ABBAZIA DI SANT'ANTIMO ⑪ ⭐ ◾ D6

Von Montalcino fährt man südlich in Richtung Castelnuovo dell'Abate zum Kloster **Sant'Antimo** mit einer der bedeutendsten romanischen Kirchen Italiens (12. Jh.). Mächtig, stolz und einsam liegt die Abtei, der Legende nach von Karl dem Großen gegründet, zwischen Olivenhainen und Ginsterbüschen. An der Kirche funkeln im Sonnenlicht Onyxsteine, goldgelber Travertin erhellt den Raum. Man kann täglich Messen mit gregorianischen Gesängen hören › S. 32 (Mo–Sa 10.15–12.30, 15–18.30, So, Fei 9.15–10.45, 15 bis 18 Uhr, www.antimo.it).

BAGNO VIGNONI ⑫ ◾ E6

Das schwefelhaltige Wasser dieses Thermalortes nutzten schon die Römer. Im Zentrum der mittelalterlichen Piazza dominiert das steinerne **Wasserbecken:** 47 °C warmes Wasser sprudelt in das Bassin. Rundherum stehen mittelalterliche Häuser, dazu eine Renaissance-Loggia.

HOTEL

Hotel Posta Marcucci €€–€€€
Modernes Haus mit herrlicher Aussicht. Die Thermalangebote können alle nutzen (Bäder Sommer Sa, So bis 24 Uhr).
• Bagno Vignoni
Via Ara Urcea 43
Tel. 05 77 88 71 12
www.hotelpostamarcucci.it

RESTAURANT

Osteria del Leone €€€

Die Küche des Val d'Orcia in rustikal-elegantem Ambiente. Das Lokal ist oft sehr voll. Reservieren!

• Bagno Vignoni
  Via dei Mulini 3
  Tel. 05 77 88 73 00 | Mo geschl.

AKTIVITÄTEN

Anello Bagno Vignoni: Leichter, 10 km langer Rundwanderweg hinauf nach Vignoni Alta und zurück über Castello della Ripa www.caivaldarnosuperiore.it (> Percorsi e Sentieri, > Percorsi Trekking > Valdorcia).

SAN QUIRICO D'ORCIA 13 ▮ E6

Das hübsche Städtchen besticht durch seine romanische **Collegiata** mit reichem Skulpturenschmuck an den Portalen und Fenstern. Im Inneren wartet ein Meisterwerk: das Chorgestühl mit Einlegearbeiten (um 1500). Durch den mittelalterlichen Ortskern spaziert man bis zum Hauptplatz, der **Piazza della Libertà**, und weiter zu den italienischen Gartenanlagen der **Horti Leonini** aus dem 16. Jh.

RESTAURANT

Angolo del Vino €

Nettes Café und Enothek; Weine aus dem Orcia-Tal, auch Bio-Käse, Salami, Schinken.

• San Quirico | Via Dante Alighieri 37A
  Tel. 05 77 89 75 02 | Mo geschl.

AKTIVITÄTEN

• Anello Val d'Orcia: 3-stündige Wanderung rund um Castiglione d'Orcia, mitten in wunderschöner Landschaft; Infos: casa vacanze.poderesantapia.com/walk/val dorcia/walkinginthevaldorcia.htm.

• Eine 2-stündige, landschaftlich reizvolle, nicht zu anstrengende Rundwanderung startet in Vivo d'Orcia; www.prolocovivo. org (> Tempo libero > Trekking).

EVENT

Festival della Val d'Orcia: Ende Juli/Anfang Aug. Theater, Klassik, Jazz und Pop in den Gemeinden des Parco Val d'Orcia; Infos: www.parcodellavaldorcia.com.

PIENZA 14 5 ▮ E6

Pienza, seit 1996 UNESCO-Weltkulturerbe, liegt malerisch auf einem Hügel über dem Val d'Orcia. In seinem Geburtsort verwirklichte Papst Pius II. mit seinem Architekten Bernardo Rossellino die Renaissance-Ideale. Zwar konnte durch den Tod der beiden 1464 das Projekt nicht mehr auf die ganze Stadt ausgedehnt werden, doch die **Piazza Pio II** dokumentiert dessen Großartigkeit: Die Fassade der **Kathedrale**, des **Palazzo Piccolomini**, des **Bischofspalastes** und des **Palazzo Comunale** bilden eines der einheitlichsten und elegantesten Renaissance-Ensembles Italiens. In der Kathedrale, außen einem antiken Tempel nachempfunden (oben mit dem Wappen Pius' II.) und innen wie eine Hallenkirche, verdichten sich humanistisches Bildungsideal und die Bewunderung für die Kirchen nördlich der Alpen, die Pius II. auf Reisen kennengelernt hatte.

Rund um Pienza sieht man immer wieder Schafherden: Nicht umsonst gilt der Pecorino des Ortes als bester der Toskana. Bei der Fiera del Cacio im September wird er gebührend gewürdigt.

Der Palazzo erinnert an Florenz – doch diese Piazza ist der Mittelpunkt von Montepulciano

INFOS

Prospettiva Pienza
- Pienza | Piazza Dante Alighieri 18
  Tel. 05 78 74 83 59
  www.ufficioturisticodipienza.it
  www.pienza.info

HOTEL

Hotel Corsignano €€
Familiäre Atmosphäre in Altstadtnähe,
mit 40 Zimmern; gutes Restaurant.
- Pienza | Via della Madonnina 11
  Tel. 05 78 74 85 01
  www.hotelcorsignano.it

RESTAURANT

Buca delle Fate €–€€
Einfache Küche der Region, wie *pici* > S. 13
mit *ragù*, im Palazzo Gonzaga (16. Jh.).
- Pienza | Corso Rossellino 38a
  Tel. 05 78 74 84 48 | Mo geschl.

AKTIVITÄTEN

Fahrradverleih und geführte Radtouren
durch das Orcia-Tal, auf Ital. und Engl.,
bietet e-Bike Tuskany.
- Pienza | Via della Buca 23
  Tel. (mobil) 34 78 81 57 80
  www.fb.com/ebikeitaly

MONTEPULCIANO 15 ▮ E6

Majestätisch grüßt bei der Anfahrt
nach Montepulciano (14 200 Einw.)
die Renaissance-Kirche **San Biagio**
von Antonio da Sangallo d. Ä. am
Ende einer Zypressenallee.

In der »Perle des 16. Jhs.« warten
Renaissance-Paläste und viel Wein
auf die Besucher. *Degustazione libe-*
ra (freies Kosten) lautet die Zauber-
formel des Ortes. Der berühmte
Vino Nobile di Montepulciano gilt
vielen als König der italienischen

Rotweine (www.stradavinonobile.it). Beim Besuch des schönsten Weinkellers, der **Cantina del Redi,** bestaunt man die unterirdischen Gemäuer aus dem 15. Jh. – und den Wein, das Olivenöl und die Grappas (www.lacantinadelredi.com).

Den Mittelpunkt des großteils mittelalterlichen Städtchens bildet die **Piazza Grande**. Der **Palazzo Comunale** erinnert an den Palazzo Vecchio in Florenz › S. 58: Die Arno-Stadt beherrschte Montepulciano seit Ende des 14. Jhs. Im **Dom** bewundert man das gotische Triptychon von Taddeo di Bartolo.

INFOS
Pro Loco
• Montepulciano | Piazza Don Minzoni 1
  Tel. 05 78 75 73 41
  www.prolocomontepulciano.it

HOTEL
Hotel Il Borghetto €€
Familienbetrieb in alten Burgmauern.
• Montepulciano | Via Borgo Buio 7
  Tel. 05 78 75 75 35
  www.ilborghetto.it

RESTAURANTS
Antico Caffè Poliziano €–€€
Das stuckverzierte Lokal ist ideal für den Nachmittagstee; auch Restaurant.
• Montepulciano
  Via di Voltaia nel Corso 25
  Tel. 05 78 75 86 15 | tgl. 7–24 Uhr

Porta di Bacco €–€€
Osteria und Enoteca.
• Montepulciano
  Via di Gracciano nel Corso 102/108
  Tel. 05 78 75 79 48

SHOPPING
Antiquitäten- und Kunsthandwerksmarkt am 2. Wochenende im Monat (Mai–Sept.) auf der Piazza Grande.

EVENT
Bravio delle Botti: Wettkampf im Fässerrollen am letzten So im Aug. um 19 Uhr; Fest in der ganzen Woche davor.

CHIUSI 16 🔶 ▮ E6

Die Etrusker wählten die strategische Position auf dem Tuffsteinplateau zwischen den Tälern des Tiber und des Arno, inmitten von Oliven und Weingütern, für die mächtigste ihrer Städte, Chiusi.

Zuerst besichtigt man den **Dom** aus dem 6. Jh. Die Säulen im Inneren stammen aus römischen Bauten, die Mosaike vortäuschende Bemalung entstand 1887 bis 1894. Danach geht es vom **Dommuseum** aus durch den Untergrund von Chiusi, ins **Labyrinth des Porsenna**: Etliche Kanäle aus etruskischer Zeit durchziehen den Tuff (Führungen auch zu den **christlichen Katakomben** und in den Untergrund im **Museo Civico**; Info: Pro Loco › S. 102).

Seine Urnensammlung machte das **Museo Archeologico Nazionale** berühmt (tgl. 9–20 Uhr). Ab dem 7. Jh. v. Chr. wurden die Deckel der Urnen als Porträts ausgestaltet. So bekommt der Betrachter ein sehr lebendiges Bild vom Aussehen der Menschen vor über 2500 Jahren. Einmalig ist die **Nekropole von Chiusi** wegen der hier erhaltenen Reste etruskischer Malereien (Führungen vom Museum).

INFO

Pro Loco

- Chiusi | Via Porsenna 79
  Tel. 05 78 22 76 67
  www.prolocochiusi.it

HOTEL

La Fattoria €€

In der Nähe der Nekropole, acht Zimmer und Campingplatz, gute Küche, Terrasse.

- Chiusi | Loc. Paccianese 48
  Tel. 0 57 82 14 07
  www.lafattoriachiusi.it | Mo geschl.

RESTAURANT

La solita zuppa €€€

Feine Küche mit hervorragenden Suppen *(zuppe),* Kaninchen mit Ingwer.

- Chiusi | Via Porsenna 21
  Tel. 0 57 82 10 06
  www.lasolitazuppa.it

AM MONTE AMIATA

Dieser riesige erloschene Vulkan (1738 m) erhebt sich unvermittelt inmitten des weiten Hügellandes. Die Vegetation reicht von Getreidefeldern, Weinreben und Olivenhainen über Kastanienwälder bis zu Buchenhainen. Eine gut ausgebaute Straße führt zum Gipfel, im Winter ein beliebtes Skigebiet. Am schönsten ist der Amiata im Herbst, wenn der Berg farbenprächtig glänzt.

Die markierten Wege des **Amiata Trekking** erschließen die einzelnen Zonen; über 28 km wandert man auf 1050 bis 1250 m Höhe (Infos auf Deutsch unter www.monte-amiata. eu, Deutsch/Natur). Eine Rundfahrt mit dem Auto um den Berg und durch die mittelalterlich geprägten Städtchen belohnt ebenfalls mit schönen Ausblicken in die Hügellandschaft.

ABBADIA SAN SALVATORE 17

📱 E7

Dunkel und streng präsentieren sich die Häuser des mittelalterlichen **Borgo.** Dieser älteste Teil des Städtchens auf 822 m Höhe, in den man durch die **Porta della Badia** an der Piazza XX Settembre gelangt, entwickelte sich im Umkreis der Abbadia San Salvatore, einer der ersten und größten Abteien der Toskana. Das **Kloster** gründete der Langobardenkönig Rachis 743. Sehr sehenswert ist hier die einzige langobardische **Krypta** der Toskana mit ihrem Säulenwald.

INFOS

I.A.T. Amiata

Wanderkarten, Mountainbike-Touren.

- Abbadia San Salvatore
  Viale Roma 10 | Tel. 05 77 77 58 11
  www.terresiena.it

HOTEL-RESTAURANTS

Cantore €−€€

Haus im Alpenstil auf 1400 m, Restaurant mit Spezialitäten wie Wildschwein, Trüffeln oder Pilzen.

- Abbadia San Salvatore
  Ortsteil Rifugio 2
  Tel. 05 77 78 97 04
  www.ilcantore.it
  Sommer und Winter geöffnet

Contessa €−€€

Modernes Haus in 1454 m Höhe, holzverkleidete Zimmer, traditionelle Amiata-Küche, u. a. Wild- oder Pilzmenüs.

• Castel del Piano | Prato della Contessa
  Tel. 05 64 95 90 00 | www.hotelcontessa.it

AKTIVITÄTEN

Radtouren rund um den Monte Amiata finden sich unter www.terresiena.it/en/bici, entweder mit festem Verlauf (> Routes > Permanent routes) oder zum Selberplanen.

SANTA FIORA 18 🍴 E7

Der lieblichste Ort am Monte Amiata hütet in der romanischen **Pieve SS. Fiora e Lucilla** schöne Werke von Della Robbia. Berührend sind vor allem die schlafenden Soldaten in der Auferstehungsszene.

An der Hauptpiazza erhebt sich der wuchtige **Palazzo Sforza Cesarini** aus dem 16. Jh.

HOTEL

Hotel Fiora €

Einladendes Haus, Terrasse, gutes Restaurant mit Amiata-Küche.

• Santa Fiora | Via Roma 8
  Tel. 05 64 97 70 43 | www.hotelfiora.it

RESTAURANT

Gatto d'Oro €

Rustikale *locanda* mitten im Wald. Hausmannskost, Pilzküche.

• Santa Fiora | Ortsteil Aia dei Venti (ca. 8 km nördl., von der SP6 auf die SP58 abbiegen) | Tel. 05 64 96 70 74 Juli–Sept. tgl., sonst Sa, So mittags

AKTIVITÄTEN

• **Wandern mit Kindern** macht besonderen Spaβ im Naturpark Monte Amiata (Parco Faunistico dell'Amiata) mit Hirschen, Gämsen und Wolfsgehegen; Anfahrt von Arcidosso Rtg. Zancona; Di–So 7.30 Uhr bis Einbruch der Dämmerung.

• **Wandern für Kunstfans** im Garten von D. Spoerri in Seggiano > S. 105.
• **Musikfestival** Mitte Juli–Ende Aug., www.santafiorainmusica.com.

AUSFLUG NACH BAGNI SAN FILIPPO 19 🍴 E6

Das kleine, 11 km entfernte Thermalbad überrascht mit einem schneeweißen Wasserfall an den 25–52 °C warmen Naturbadewannen: Fast wie aus einem Märchenbuch entsprungen wirkt der ausgeschilderte, völlig verkalkte **Fosso Bianco**, bei dem man gratis badet.

Empfehlenswert ist ein Besuch der **Terme San Filippo** (Via San Filippo 23, Mi–Mo bis 19, Di bis 14 Uhr; www.termesanfilippo.it).

RADICOFANI 20 🍴 E7

Der kleine Ort war wegen seiner einzigartigen, die ganze Gegend beherrschenden Lage in 896 m Höhe eine hart umkämpfte Festung.

Man schlendert durch die strengen, mittelalterlich geprägten Gässchen, sieht sich die romanische Kirche **San Pietro** an und erfreut sich an den wertvollen Terrakotten von Andrea Della Robbia im Inneren.

HOTEL

La Torre €

Einfache Zimmer, seit drei Generationen gute Küche der Familie Nocchi.

• Radicofani | Via Giacomo Matteotti 7
  Tel. 0 57 85 59 43

AKTIVITÄTEN

Vier Radtouren durch das Val d'Orcia unter www.visittuscany.com/it/idee/val-dorcia-in-bici-4-itinerari-per-tutti-i-gusti.

KUNST & NATUR IM DIALOG

![Skulptur von Quinto Martini in Seano]

Skulptur von Quinto Martini in Seano

Zeitgenössische Künstler suchen mit ihren Werken mehr und mehr den Dialog mit der reizvollen toskanischen Landschaft, die sie umgibt. Künstlergärten, mal poppig und bunt, mal einfühlsam und poetisch, bezaubern den Besucher mit unvergesslichen Impressionen. Sammler stellen Werke unter freiem Himmel im Park aus – so ist Kunst ein ganz besonderer Genuss!

PARCO DI VILLA DI CELLE

Nur 5 km östlich von Pistoia › S. 78 hat der Privatsammler Giuliano Gori über 60 Installationen und Skulpturen von zeitgenössischen Künstlern aus den unterschiedlichsten Ländern versammelt und präsentiert sie im ausgedehnten Landschaftspark seiner Villa.

• Parco di Villa di Celle ▐ C3
Via Montalese 7
Santomato di Pistoia
Tel. 05 73 47 99 07
Mai–Sept. tgl. nach schriftlicher Voranmeldung (info@goricoll.it) geöffnet, geführte Touren 9.30–14.30 Uhr

GIARDINO DEI TAROCCHI

Schon von Weitem grüßen die begehbaren, in Handarbeit mit bunt schillerndem Mosaik überzogenen Riesenskulpturen aus Gips und Beton von Niki de Saint Phalle. Die 22 Tarot-Skulpturen in dem von

Saint Phalle gemeinsam mit ihrem Mann Jean Tinguely gestalteten Park symbolisieren die Stationen des Lebensweges eines Menschen. Ein Erlebnis vor allem für die kleinen Gäste ist das Erkunden der alles beherrschenden Sphinx.

- Giardino di Tarocchi 📙 D8
  Capalbio (Ortsteil Garavicchio)
  (ab Grosseto die E 80 südwärts fahren, die Ausfahrt Pescia Fiorentina ist ausgeschildert)
  Tel. 05 64 89 51 22
  www.ilgiardinodeitarocchi.it
  April–Mitte Okt. tgl. 14.30–19.30 Uhr, im Winter nach Voranmeldung nur für Gruppen geöffnet, Besuche außerhalb der Öffnungszeiten nach Absprache; 12 €, erm. 7 €, Kinder unter 7 Jahren gratis; jeden 1. Sa Jan.–März, Nov., Dez. 9–14 Uhr gratis
- Im gemütlichen Restaurant Il Tortello (€–€€), nahe beim Giardino in Pescia Fiorentina 📙 D8, genießt man leckere und günstig lokale Spezialitäten
  Tel. 05 64 89 51 33 | außer Aug. Mi geschl.

DANIEL SPOERRI AND FRIENDS

Poetisch fügen sich die mehr als 100 Skulpturen und Installationen von Daniel Spoerri und vielen befreundeten Künstlern in die Landschaft des waldreichen Monte Amiata (ca. 30 km südl. von Montalcino › S. 97).

Dem **Giardino di Daniel Spoerri** angeschlossen ist das Restaurant **Non solo Eat Art.** Hier wird selbst die leibliche Stärkung zu einem (Kunst-)Genuss. Manchmal leistet Daniel Spoerri, der auf dem Anwesen lebt und arbeitet, seinen Gästen sogar Gesellschaft.

- Giardino di Daniel Spoerri 📙 D6
  Seggiano | Tel. 05 64 95 08 05
  www.danielspoerri.org
  (› Il Giardino di Daniel Spoerri, auf Dt.; gute Anfahrtsbeschreibung)
  Ostern–Juni tgl. außer Mo 11–20 Uhr, Juli–Mitte Sept. tgl. 11–20 Uhr, Mitte Sept.–Okt. tgl. außer Mo 11–19 Uhr (nach Einbruch der Dunkelheit geschl.), Nov. bis März nach Anmeldung; 10 €, unter 8 J. gratis, Studenten 8 €
- Restaurant (€): Abendessen nach Voranmeldung, Mittagessen und Brotzeiten gibt's immer. Auch drei Apartments (€) im Garten.

WEITERE KUNSTPARKS

Nur 14 km nordöstlich von Siena entstand aus einer Privatinitiative des Ehepaars Giadrossi der reizvolle Skulpturenpark in Pievasciata, für den zeitgenössische Künstler aus aller Welt Skulpturen schufen, die in einem Eichenwald ihren Platz haben.

- Parco Sculture del Chianti 📙 D5
  Pievasciata (Siena) | Tel. 05 77 35 71 51
  www.chiantisculpturepark.it
  April–Okt. tgl. 10 Uhr bis zur Dämmerung, Nov.–März auf Anfrage, Eintritt; Juni–Aug. Di abends Konzerte

Gratis wandert man in der Hügellandschaft bei Carmignano am Monte Albano durch den immer geöffneten Skulpturenpark in Seano, vorbei an den Schöpfungen des hier geborenen Bildhauers Quinto Martini (1908–1990).

- Parco Museo Quinto Martini 📙 C3
  Seano | Via Pistoiese
  Tel. 05 58 75 02 31
  www.comune.carmignano.po.it

TYRRHENISCHE KÜSTE

Rund um Livorno, wie hier
beim Castello del Boccale, ist die
thyrrhenische Küste felsig

Ob weite Sandstrände oder kleine Buchten vor grüner Macchia: Die tyrrhenische Küste gibt sich abwechslungsreich. Lucca und Pisa locken mit großartiger Kunst. Unberührte Natur bieten die nahen Berge.

Die Küste der Toskana am Tyrrhenischen Meer reicht von Marina di Carrara bis südlich des Monte Argentario. Von der Grenze zu Ligurien bis Viareggio bietet die **Versilia** weite Sandstrände und viel Unterhaltung. Südlich des Naturschutzgebiets San Rossore mit der Arno-Mündung beginnt ab Livorno die **Etruskische Riviera,** in der sich felsige kleine Buchten vor macchiabewachsener Küste öffnen, während in der südlichen Provinz Livorno breitere Strandabschnitte vor hohen Pinienhainen liegen. In der **Maremma** warten besonders schöne Badeplätze mit feinem Sand, dahinter ausgedehnte Pinete und Dünen mit dichter Macchia. Die Halbinsel Monte Argentario bildet den markanten Schlusspunkt der toskanischen Küste. Unberührte Natur findet man in den greifbar nahen Bergen der Küstenregion: im Nationalpark Apuanische Alpen, der bis hinüber in die wild-schöne Bergregion der Garfagnana reicht, in den Regionalparks Migliarino-San Rossore-Massaciuccoli und Maremma sowie in vielen kleineren Schutzgebieten. Großartige Kunst wartet wenige Kilometer hinter der Küste: in Pisa mit dem hoch aufragenden Wahrzeichen der Toskana, dem Schiefen Turm, und in der Stadt des Komponisten Puccini, dem liebenswürdigen Lucca. Die Bandbreite der Kunstdenkmäler an der tyrrhenischen Küste ist groß. Hier kann man Kultururlaub und Badespaß, sportlich aktive Sommertage und geruhsame Strandspaziergänge im Winter erleben.

VERKEHRSMITTEL

- Zwischen den Küstenorten, nach Lucca und von dort in die Garfagnana gibt es gute **Bahnverbindungen** (Fahrpläne unter www.trenitalia.com).
- **Überlandbusse** fahren alle Orte tagsüber relativ regelmäßig an (in der Versilia: www.vaibus.com; an der Costa degli Etruschi: www.atl.livorno.it; in der Maremma: www.tiemmespa.it).

Maremmaner Kuh

TOUREN IN DER REGION

IN DER VERSILIA

ROUTE: Forte dei Marmi › Pietrasanta › Carrara › Viareggio › Lucca

KARTE: Seite 108
DAUER: 4 Tage (ohne Baden); 60 km
PRAKTISCHE HINWEISE:
- Während zwischen den Küsten-
orten gute Bahn- und Busverbin-
dungen bestehen, braucht man für
einen Ausflug in die Apuanischen
Alpen ein Auto.
- Denken Sie an warme Kleidung in
den Bergen!
- Zwischen den kostenpflichtigen
Badeanstalten an der Küste gibt
es auch freie Strandzugänge.

TOUR-START:

Am ersten Tag erwartet Sie das
exklusivste Seebad der Versilia, **Forte dei Marmi** **8** › S. 123. Am weiten

Strand von **Marina di Pietrasanta**
kann man stundenlang spazieren
gehen, in **Pietrasanta** **7** › S. 122
selbst dreht sich alles um Marmor,
so am Domplatz und im Museo dei
Bozzetti. Gerade im Hochsommer
locken die **Apuanischen Alpen**
› S. 123 mit ihren schattigen Wäldern. Auch Klettersteige für Geübte
warten hier nur wenige Kilometer
von der Küste entfernt.

Wer noch mehr Lust auf Marmor
hat, unternimmt am zweiten Tag
einen Ausflug zu den **Marmorbrü-
chen** bei **Carrara** **9** › S. 123 und
besucht dort das Museum.

Am dritten Tag haben Sie Gelegenheit, an der lebhaften Strandpro-
menade von **Viareggio** **6** › S. 122
entlangzubummeln. In **Torre del
Lago Puccini** › S. 122, am südlichs-
ten Punkt der Versilia, liegt die Villa
des Komponisten am **Lago di Massaciuccoli**.

Von Forte dei Marmi bis Viareggio befindet man sich in der Provinz
Lucca **3** › S. 118. Luccas wunderba-
res *centro storico* umschließen die
Stadtmauern aus dem 16. Jh. Der

TOUREN AN DER TYRRHENISCHEN KÜSTE

TOUR 6

IN DER VERSILIA

Forte dei Marmi › Pietrasanta ›
Carrara › Viareggio › Lucca

TOUR 7

DIE COSTA DEGLI ETRUSCHI

Pisa › Livorno › Vada › Bolgheri ›
Castagneto Carducci › Marina di
Castagneto Carducci › Suvereto ›
Campiglia Marittima › San Vincenzo ›
Golfo di Baratti › Populonia

Dom und die Kirche San Michele in Foro bestechen mit ihren Fassaden. Über die von mittelalterlichen Häusern gesäumte Via Fillungo erreichen Sie das Oval des römischen Amphitheaters. Spazieren Sie durch die Innenstadt zum baumbewachsenen Guinigi-Turm und genießen Sie von oben den herrlichen Rundblick auf Lucca.

TOUR 7

DIE COSTA DEGLI ETRUSCHI

ROUTE: Pisa › Livorno › Vada › Bolgheri › Castagneto Carducci › Marina di Castagneto Carducci › Suvereto › Campiglia Marittima › San Vincenzo › Golfo di Baratti › Populonia

KARTE: Seite 108
DAUER: 5 Tage (ohne Baden); 160 km
PRAKTISCHE HINWEISE:
- Zwischen den Küstenorten kann man mit dem Zug fahren und tagsüber Busse nehmen. Für einen Ausflug in die Hügel braucht man ein Auto – die Straßen sind zwar kurvig, aber gut ausgebaut.
- Besonders im Herbst feiern die Orte des Hinterlandes viele Pilz- und Kastanienfeste.
- Unterkünfte sollte man im Sommer rechtzeitig reservieren.
- Parkplätze an der Küste sind v.a. am Wochenende stets voll!
- Viele Strandzugänge sind frei.

TOUR-START:
Der weltberühmte Schiefe Turm in **Pisa** 1 › S. 113 überrascht wirklich alle Besucher, die das Bauwerk in natura vor Augen haben – es ist tatsächlich ziemlich schief! Doch nicht nur der Turm, die ganze Piazza dei Miracoli ist UNESCO-Weltkulturerbe. Schauen Sie sich Turm, Dom, Baptisterium, Dommuseum und Camposanto in aller Ruhe an. Über die Via Santa Maria gelangt man in die Altstadt, die mit Kunstschätzen, schönen Geschäften und Restaurants aufwartet.

Am Nachmittag des zweiten Tages fahren Sie zur Arno-Mündung in **Marina di Pisa** und über das Seebad **Tirrenia** weiter nach **Livorno** 10 › S. 124 mit seinem malerischen Viertel Venezia Nuova. Am nächsten Morgen verlocken **Quercianella** und **Castiglioncello** an der macchiabewachsenen grünen Küste zu einem Stopp am Meer. Weiter südlich lassen Sie den fast surreal wirkenden Industriekomplex von **Rosignano Solvay** links liegen und reisen zum Baden an den weißen Strand von **Vada** › S. 124.

Von der Küste geht es ins Landesinnere, auf der längsten Zypressenallee Italiens hinauf nach **Bolgheri** 11 › S. 125. Das Nachbardörfchen **Castagneto Carducci** 12 › S. 125 mit seiner Adelsburg blickt über die sich zum Meer hin ausbreitende Ebene bis zu den Sandstränden von **Marina di Castagneto Carducci** › S. 125, ideal für eine Übernachtung. Am vierten Tag führt eine wunderschöne Fahrt über die Orte **Suvereto** 13 › S. 125 und **Campiglia**

Marittima **14** › S. 128 mit dem Parco Archeominerario San Silvestro zum Ferienort **San Vincenzo** **15** › S. 128, wo Sie Quartier nehmen – für den letzten Tag oder auch die letzten Tage dieser Tour: Gönnen Sie sich einen oder mehrere Badetage am **Golf von Baratti** **16** › S. 128, entspannen Sie sich am Strand – und besuchen Sie hier die etruskischen Grabhügel direkt am Meer, um den Bilderbuch-Sonnenuntergang von dem kleinen Ort **Populonia** › S. 129 oben am Hügel zu erleben.

TOUR 8

DIE MAREMMA

ROUTE: Follonica › Massa Marittima › Castiglione della Pescaia › Grosseto › Roselle › Vetulonia › Monte Argentario › Manciano › Sovana › Sorano › Pitigliano

KARTE: Seite 112
DAUER: 7 Tage (ohne Baden); 275 km
PRAKTISCHE HINWEISE:
- Zwischen den Küstenorten bestehen gute Bahnverbindungen, und Überlandbusse fahren tagsüber alle Orte regelmäßig an › S. 107. Doch im Hinterland ist das Reisen mit öffentlichen Verkehrsmitteln sehr umständlich.
- Unterkünfte sollten Sie v. a. im Sommer rechtzeitig reservieren.
- Viel Strandszene und abendlicher Corso in Castiglione della Pescaia.

TOUR-START:
Der Ferienort **Follonica** **18** › S. 129 ist das Eingangstor zur Maremma. 30 km weiter im Landesinneren liegt in den metallhaltigen, schon von den Etruskern ausgebeuteten Hügeln das wunderschöne **Massa Marittima** **20** › S. 130: Wie in einem Wohnzimmer sitzt man auf der Piazza Garibaldi, umrahmt von den mittelalterlichen Prunkbauten.

Der nächste Tag lockt zu einem Badeausflug in das hübsche **Castiglione della Pescaia** **22** › S. 131. Am Nachmittag warten schon die Provinzhauptstadt **Grosseto** **21** › S. 131 und das sehenswerte Museo Archeologico e d'Arte della Maremma auf Ihren Besuch.

Kenntnisse über die Antike kann man am folgenden Tag vertiefen, bei der Besichtigung der nordöstlich von Grosseto gelegenen archäologischen Zone von **Roselle** **23** › S. 131 und bei einem Abstecher weiter nach Westen, in das Etruskerstädtchen **Vetulonia** **24** › S. 131 mit seinen Tumulusgräbern.

Übernachten Sie in einem der Orte am Meer, sodass Sie am nächsten Morgen zu einer Wanderung im **Parco Regionale della Maremma** › S. 132 aufbrechen oder am naturbelassenen Strand baden können. Auch vom kleinen Hafenort **Talamone** › S. 132 führen Wege in das Naturschutzgebiet. Am Abend sollten Sie auf der Halbinsel **Monte Argentario** **25** › S. 132 nächtigen, um in **Porto Santo Stefano** die Sommerszene mitzuerleben.

Der folgende Tag ist einer Rundfahrt um den Berg mit traumhaft schönen Panoramablicken auf den Toskanischen Archipel gewidmet.

Durch die sanften Hügel der Maremma geht es tags darauf über die Städtchen **Manciano** und **Montemerano** nach **Saturnia** 30 › S. 133, wo Sie in kostenlosen Naturbecken das warme Thermalwasser genießen. In **Sovana** 29 › S. 133 mit seinem romanischen Dom fühlt man

sich am Abend wie in längst vergangener Zeit. Anderntags wandern Sie früh zu den nahen etruskischen Grabbauten, bevor Sie schließlich **Sorano** 28 › S. 133 erreichen. Am Abend wartet das auf Tuffstein erbaute Örtchen **Pitigliano** 27 › S. 132, dessen unterhöhlte Altstadt Sie am letzten Tag von der Synagoge aus erkunden können.

TOUR IN DER MAREMMA

TOUR 8

DIE MAREMMA

Follonica › Massa Marittima › Castiglione della Pescaia › Grosseto › Roselle › Vetulonia › Monte Argentario › Manciano › Saturnia › Sovana › Sorano › Pitigliano

UNTERWEGS IN DER REGION

PISA 1  B4

Die Stadt (90 500 Einw.) verdankt ihre Berühmtheit einem einzigen Bauwerk: dem Schiefen Turm, der den Domplatz überragt. Seit 500 Jahren bildet Pisas Universität, mit über 50 000 Studenten eine der bedeutendsten Italiens, den Mittelpunkt des städtischen Lebens. Davor dominierten Kaufleute und Seefahrer die Geschicke Pisas. In der Blütezeit vom 11. bis ins 13. Jh. entstanden auch die wichtigsten Bauten. 1406 gelang den Florentinern die Eroberung Pisas.

PIAZZA DEI MIRACOLI
A 7 a/b1

Den Besuch der Stadt beginnt man am besten auf dem Domplatz, dem »Platz der Wunder«. Wie für die Ewigkeit geschaffen, erheben sich Dom, Turm und Baptisterium aus der grünen Wiese. Die einheitliche weiße Marmorverkleidung unterstreicht die Einzigartigkeit der schönen Piazza.

INFO
Verbilligte Sammeltickets für 2, 3 oder 4 Museen/Monumente der Piazza (außer Turm) 5–8,50 €

DOM B a1

Als eines der ersten Monumentalbauwerke des Mittelalters wurde der Dom Santa Maria 1063 begonnen. Baumeister Buscheto verband eine frühchristliche Basilika (Langhaus mit Apsis) mit einem Querschiff: Nie zuvor hatte es in Italien einen Sakralbau in Form eines lateinischen Kreuzes gegeben! Buscheto

Auf der Piazza dei Miracoli in Pisa stehen der Dom und der berühmte Schiefe Turm

kannte die islamische Architektur, die reiche Dekoration mit Marmorintarsien spiegelt ihre Einflüsse.

Die **Fassade** mit ihren Bogen auf Halbsäulen und Säulengalerien wurde unter Baumeister Rainaldo im 12. Jh. fertiggestellt. Durch die dicht stehenden Säulen wirkt das Innere fast wie eine Moschee. Dort steht eines der Hauptwerke gotischer Bildhauerkunst: die **Kanzel** von Giovanni Pisano (1302–12) mit ihren ausdrucksstarken, bewegten Reliefs (März 10–18, April–Sept. bis 20, Okt. bis 19, Nov.–Feb. 10 bis 12.45, 14–17 Uhr; So, Fei ab 13 Uhr; gratis, Einlassbon im Ticketbüro).

Geistlicher Musik mit bekannten Stars kann man im Dom in der zweiten Septemberhälfte beim Festival Anima Mundi lauschen.

BAPTISTERIUM ⓒ 📖 a1

Das Baptisterium begann Diotisalvi 1153 im romanischen Stil. Die gotische Bauphase ab der Säulenloggia leitete Nicola Pisano, später dann sein Sohn Giovanni. Erst im 14. Jh. wurde die Kuppel aufgesetzt. Nicola schuf 1260 mit der ersten frei stehenden **Marmorkanzel** eines der bedeutendsten Kunstwerke am Ausklang der Romanik in Italien (tgl., März 9–18, April–Sept. 8–20, Okt. 9–19, Nov.–Feb. 10–17 Uhr).

CAMPOSANTO ⓓ 📖 a1
UND SINOPIENMUSEUM ⓔ 📖 a1

Wer die Reliefs mit den römischen Sarkophagen im **Camposanto** (geöffnet wie Baptisterium, aber Mitte Juni–Aug. bis 22 Uhr), dem monumentalen Friedhof an der Nordseite

des Platzes, vergleicht, sieht, woher Nicola Pisano Anregungen bezog. Die prunkvollen Sarkophage dienten im Mittelalter als prestigeträchtige Grablegen. Bis zur Zerstörung 1944 schmückten den Friedhof die größten mittelalterlichen Wandmalereien der Welt. Die erhaltenen **Freskenzyklen** kann man besichtigen. › mehr S. 16 Punkt ㉖

Im **Sinopienmuseum** an der Südseite des Domplatzes sieht man die Vorzeichnungen aus rotem Erdpigment, die bei der Restaurierung der Fresken entdeckt wurden (geöffnet wie Baptisterium › links).

SCHIEFER TURM ⓕ 📖 a1

Den Bau des Campanile begann Baumeister Bonanno Pisano 1173, bereits während des Baus neigte sich der Turm – und wurde prompt berühmt. Der Baumeister Giovanni di Simone wagte 1275 den Weiterbau und korrigierte die Schieflage, indem er die höheren Stockwerke jeweils wieder ins Lot setzte. Doch der Turm wurde über die Jahrhunderte immer schiefer. Am schiefsten erscheint er von der Via Cardinale Maffi aus, ein idealer Standort für Fotos! › mehr S. 12 Punkt ❹

Bei der 1990 begonnen Rettungsaktion legte man dem Turm Stahlringe um, an denen zwei Stahlseile zogen, trug unterirdisch Erdreich ab und befestigte schwere Bleigewichte. Damit hat man die Neigung der letzten 200 Jahre »begradigt« – insgesamt um 40 cm. Seit einigen Jahren ist der Turm für stolze 15 € wieder zugänglich (tgl., März 9–19, April–Sept. 9–20, Mitte Juni–Aug.

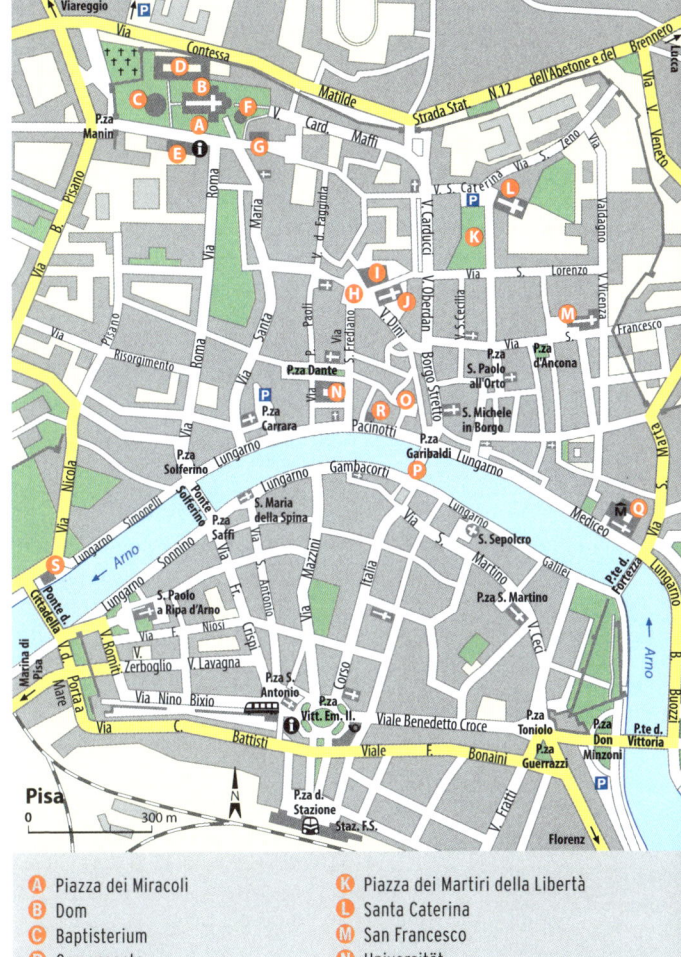

A Piazza dei Miracoli	**K** Piazza dei Martiri della Libertà
B Dom	**L** Santa Caterina
C Baptisterium	**M** San Francesco
D Camposanto	**N** Universität
E Sinopienmuseum	**O** Piazza delle Vettovaglie
F Schiefer Turm	**P** Ponte di Mezzo
G Dommuseum	**Q** Museo Nazionale di San Matteo
H Piazza dei Cavalieri	**R** Palazzo Agostini
I Palazzo della Carovana	**S** Cittadella
J Santo Stefano dei Cavalieri	

8.30–22, Anf. Sept. 9–21, Ostern 9–22, Okt. 9–19, Dez., Jan. 10–17, Weihnachten 9–19, Nov., Feb. 9.40 bis 17.40 Uhr). Reservierung empfohlen: im Ticketbüro am Domplatz oder online: www.opapisa.it.

DOMMUSEUM Ⓖ ▥ b1

Sehenswert sind die Skulpturen aus dem 12. Jh. sowie die Meisterwerke von Nicola und Giovanni Pisano, Tino da Camaino und Nino Pisano. Im Kreuzgang des gerade renovierten Museums finden im Sommer Klassik- und Jazzkonzerte statt *(Musica sotto la Torre)*.

PISAS ALTSTADT

Nach der Besichtigung des Domplatzes (Fahrradverleih, Pferdekutschen am Platz) sollte man durch die Altstadt von Pisa schlendern. Von Oktober bis Juni, während des italienischen Studienjahres, bestimmen die Studenten das Straßenbild, so auf der **Piazza dei Cavalieri** Ⓗ ▥ b2. Der prächtige **Palazzo della Carovana** Ⓘ ▥ b2, ehemaliger Amtssitz der Pisaner Kommune, beherbergt heute die Elite-Uni Scuola Normale Superiore. Auf Plänen von Vasari beruht die Sgraffito-Dekoration sowie die Kirche **Santo Stefano dei Cavalieri** Ⓙ ▥ b2 (geöffnet meist Mi, Sa vorm.). Schatten findet man auf der baumumstandenen **Piazza dei Martiri della Libertà** Ⓚ ▥ b1/2, etwas versteckt liegt die schöne Marmorfassade der Kirche **Santa Caterina** Ⓛ ▥ c1, die von 1251 bis 1300 erbaut wurde. Südlich davon steht die großartige Kirche **San Francesco** Ⓜ ▥ c2.

Nur wenige Schritte geht man von der Piazza dei Cavalieri zur **Universität** Ⓝ ▥ b2. Für eine kleine Pause eignen sich die Bars rund um die Hochschule. Selbstversorger finden in dem noch mittelalterlich geprägten Viertel um die **Piazza delle Vettovaglie** Ⓞ ▥ b2 viele Stände und kleine Läden. Ganz anders der **Borgo Stretto,** eine elegante Ladenstraße, in der die Cafés unter den Laubengängen zum Verweilen einladen. Seit 1109 ist die Brücke **Ponte di Mezzo** Ⓟ ▥ b2 dokumentiert, auf der Ende Juni das Brückenspiel › S. 43 stattfindet. Hier, an der Piazza Garibaldi und an der Piazza della Berlina spielt sich das Pisaner Nachtleben ab. Auf der gegenüberliegenden Arno-Seite wartet der **Corso Italia**, die Einkaufs- und Bummelmeile. Am rechten Arno-Ufer, ein wenig flussaufwärts, kann man im **Museo Nazionale di San Matteo** Ⓠ ▥ c3 hochkarätige mittelalterliche Kunst bewundern (Di–Sa 8.30–19.30, So bis 13.30 Uhr, 1. So im Monat gratis).

Gleich neben dem einzigen erhaltenen Backsteinpalast Pisas, dem **Palazzo Agostini** Ⓡ ▥ b2 mit seiner Terrakotta-Zier aus dem 15. Jh., bietet **De' Coltelli** extravagante Eissorten an. Am Abend geht die Sonne besonders romantisch hinter dem Festungsturm **Cittadella** Ⓢ ▥ a3 unter.

INFOS

Ufficio Turistico
• Pisa | Piazza Vittorio Emanuele II 16 (Nähe Bahnhof) | Tel. 05 04 22 91 tgl. vormittags geöffnet

Der Ponte di Mezzo in Pisa

- Im Flughafen Galileo Galilei
  Tel. 0 50 50 25 18 | www.turismo.pisa.it
- Infopoint am Domplatz

HOTELS

Royal Victoria €€
Schönes altes Hotel mit Zimmern in toskanischem Stil, direkt am Arno gelegen.
- Pisa | Lungarno Pacinotti 12
  Tel. 0 50 94 01 11
  www.royalvictoria.it

Ariston €−€€
Hübsches kleines Hotel in Domnähe,
Zimmer mit Blick auf den Schiefen Turm.
- Pisa | Via C. Maffi 42
  Tel. 0 50 56 18 34
  www.hotelariston.pisa.it

RESTAURANTS

Osteria dei Cavalieri €€
Toskanische Küche mit Fantasie.
- Pisa | Via San Frediano 16
  Tel. 0 50 58 08 58
  Sa mittags/So geschl.

La Cereria €
Restaurant mit Pizzeria im schönen,
begrünten Innenhof.
- Pisa | Via Gori 33
  Tel. 05 02 03 36 | Di geschl.

SHOPPING
- Mi und Sa vormittags großer **Markt** in
  der Via Paparelli.
- Jedes 2. Wochenende Antiquitäten und
  Kunsthandwerk (außer Juli, Aug.) auf
  der Piazza dei Cavalieri.

AKTIVITÄTEN
Westlich von Pisa wandert man im Naturpark San Rossore durch Pinienwälder und
duftende Macchia; es gibt auch Fahrrad-
wege. Führungen, Birdwatching und Kut-
schenfahrten werden angeboten.
Man kann im Park auch übernachten.

Besucherzentrum La Sterpaia
- Rossore | Tel. 0 50 53 36 01
  www.parcosanrossore.org
  tgl. geöffnet

AUSFLUG NACH PONTEDERA 2 ◧ B4

Im **Piaggio-Museum** der Industrie-stadt Pontedera (29 300 Einw.) sieht man alte Vespas in allen Formen und Farben, sogar eine Vespa mit Auto-gramm von Salvador Dalì. Im Muse-um finden Kunstausstellungen statt (Viale Rinaldo Piaggio 7, 56025 Pon-tedera; Di–Fr 10–18, Sa 10–13, 14 bis 18 Uhr, gratis; www.museopia ggio.it). Es lohnt die Weiterfahrt in die sanften Hügel **Colline Pisane**.

RESTAURANTS

Il Pettirosso €
In den Colline: hervorragende Pizza und klassische toskanische Küche.
• Palaia | Via San Martino 15
  (ca. 18 km südöstl. von Pontedera)
  Tel. 05 87 62 21 11 | Di geschl.

Pasticceria Ferretti
Das Café verwöhnt mit süßem Gebäck, etwa *Diplomatici;* auch Focacce und Pizzen.
• Peccioli | Via Carraia 1
  (20 km südl. von Pontedera)
  Tel. 05 87 63 51 24

LUCCA 3 ⭐8 ◧ B3

Puccinis heiteres Lucca (89 400 Einw.) bietet Touristen nicht nur Kunst und Bauwerke vergangener Epochen, sondern auch schöne Ca-fés und Geschäfte sowie ein **Pucci-ni-Museum** in seinem Geburtshaus (Corte San Lorenzo 8, Mai–Sept. 10–19, Nov.–Feb. Mi–Mo 10–13, 15–17, März/April, Okt. 10–18 Uhr, www.puccinimuseum.org).

DOM SAN MARTINO Ⓐ

Einen Stadtrundgang beginnt man am besten beim Dom mit seiner reich gegliederten romanischen **Fassade.** Im gotischen Inneren ist Tintorettos »Abendmahl« (3. Altar, rechtes Seitenschiff) zu sehen. Viel zu früh starb 1405 die Gattin des Stadtherrn Paolo Guinigi: Jacopo della Quercia gestaltete das **Grab-mal der Ilaria del Carretto,** ein Hauptwerk italienischer Bildhaue-rei (Mitte März–Okt. Mo–Fr 9.30 bis 17.45, Sa 9.30–18.45, So 9–10.15, 11.30–18 Uhr, sonst Mo–Fr bis 16.45, Sa bis 18.45, So 9.30–10.15, 11.30–17 Uhr; Dom 3 €; Kombi-ticket mit San Giovanni und Museo della Cattedrale 9 €, erm. 6 €, www. museocattedralelucca.it).

Der **Tempietto,** das Tempelchen im linken Seitenschiff, beherbergt das Holzkreuz **Volto Santo** (»Heili-ges Antlitz*«).* Auf wunderbare Wei-se gelangte es im 8. Jh. übers Mittel-meer an den Strand von Luni, von dort nach Lucca in die Kirche San Frediano. Zur Erinnerung an die Überführung aus San Frediano in den Dom wird das Kreuz alljährlich am 13. September in einer Lichter-prozession durch die Stadt getragen.

SAN GIOVANNI E REPARATA Ⓑ

Zu dieser einstigen Bischofskirche Luccas gehört das gotische **Tauf-haus San Giovanni.** Ausgrabungen unter der Kirche legten zahlreiche Bauphasen frei – vom ersten römi-schen Haus bis ins 12. Jh. (tgl. Mitte März–Okt. 10–18, sonst Mo–Fr 10–14, Sa, So 10–18 Uhr; Kombi-ticket ▸ Dom)

ALTSTADTBUMMEL

Über die **Piazza Napoleone** 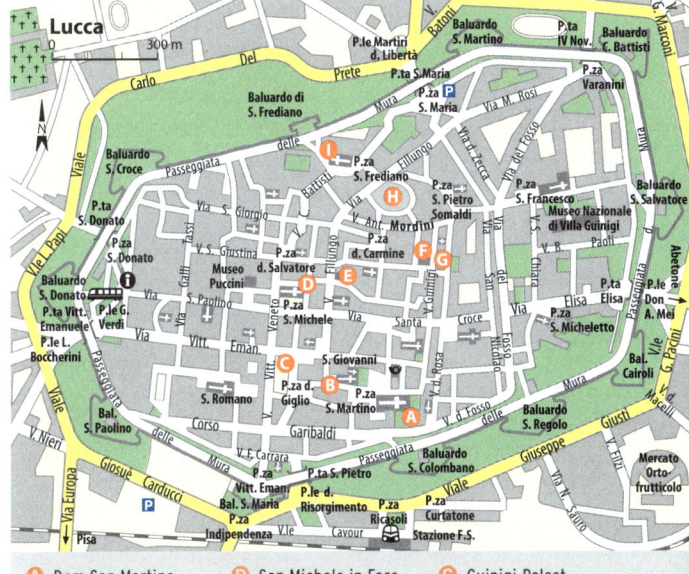 mit dem riesigen Palazzo Ducale erreicht man das ehemalige römische Forum. Die Kirche **San Michele in Foro** , Stolz der Luccheser, beeindruckt mit ihrer durch Säulen und Marmorbänder reich gegliederten Schaufassade des 13. Jhs. Die **Via Fillungo** lädt mit schönen Geschäften zum Bummel ein. Auch die gut erhaltenen mittelalterlichen Gebäude und den nicht zu übersehenden **Uhrturm** aus dem 13. Jh. sollte man würdigen.

Der **Guinigi-Turm** , ein traumhafter Aussichtspunkt mit Steineichen auf dem Dach, gehört zum **Palazzo Guinigi** aus dem 14. Jh.

(Juni–Sept. 9.30–19.30 Uhr, sonst kürzer). Ein weiterer schöner **Guinigi-Palast** wartet um die Ecke.

Die **Piazza Anfiteatro** zeichnet das Oval eines Amphitheaters aus dem 2. Jh. nach. An der Nordseite kann man noch einige der mächtigen römischen Quadersteine sehen. Beim Näherkommen beeindruckt das Himmelfahrtsmosaik an der Fassade der Basilika **San Frediano** . Im dreischiffigen Innenraum mit offenem Dachstuhl bewundert man rechts das mit Reliefs verzierte **Taufbecken** (12. Jh), u. a. Szenen aus dem Leben Mose sowie die Symbole der Monate und die Zwölf Apostel (Sommer 8.30–12, 15–17, Winter ab 9, So, Fei ab 10.30 Uhr).

🅐 Dom San Martino	🅓 San Michele in Foro	🅖 Guinigi-Palast
🅑 San Giovanni	🅔 Uhrturm	🅗 Piazza Anfiteatro
🅒 Piazza Napoleone	🅕 Guinigi-Turm	🅘 San Frediano

Die Piazza San Michele, das einstige römische Forum, ist der Mittelpunkt von Lucca

Zum Abschluss des Altstadtbummels kann man die herrliche Aussicht bei einem Spaziergang auf der schattigen, ca. 4 km langen Stadtmauer genießen.

INFOS

APT Infobüro
Organisiert im Sommer tgl. um 14 Uhr Stadtführungen (Engl., Dt. auf Anfrage)
• Lucca | Piazzale Verdi
  Tel. 05 83 58 31 50 | www.luccaturismo.it

HOTELS

La Luna €€
Familienbetrieb im *centro storico*.
• Lucca | Corte Compagni 12
  Tel. 05 83 49 36 34
  www.hotellaluna.com

Piccolo Hotel Puccini €–€€
Im Herzen der Stadt in einem klassizistischen Palazzo mit modernen Zimmern.
• Lucca | Via di Poggio 9
  Tel. 0 58 35 54 21 | www.hotelpuccini.com

RESTAURANTS

Baluardo San Colombano €–€€€
Restaurant und Bar liegen im Bollwerk der Stadtmauer. Im Sommer finden im Freien Konzerte statt.
• Tel. 05 83 46 46 41
  Di–So 9–1 Uhr, im Sommer tgl.

Buca di Sant'Antonio €€
Ausgezeichnete Regionalküche im Zentrum, interessante Grappasorten.
• Lucca | Via della Cervia 1/3
  Tel. 0 58 35 58 81
  So abends u. Mo geschl.

SHOPPING

Jedes 3. Wochenende im Monat gibt es einen Antiquitätenmarkt in der Altstadt rund um den Dom sowie einen **Künstlermarkt** an der Piazza dell'Arancio. Am letzten Wochenende im Monat findet der **Kunsthandwerksmarkt** auf der Piazza S. Giusto statt. Zum Settembre Lucchese gehört der **Markt** mit Kulturevents auf der Piazza San Michele in Foro.

AUSFLUG NACH COLLODI 4 📖 B3

Carlo Lorenzini, der Erfinder des Pinocchio, wählte als Pseudonym den Namen seiner Heimatstadt. Der 15 km von Lucca entfernte **Pinocchio-Park** kommen Kinder auf ihre Kosten. Die Abenteuer der Holzpuppe, deren Nase beim Lügen immer länger wird, erwandert man sich entlang der von Künstlern entworfenen Skulpturen (www.pinocchio.it; tgl. 8.30, Mitte Nov.–Feb. Sa, So ab 10 Uhr bis Sonnenuntergang).

Sehenswert sind auch der Barockgarten der **Villa Garzoni** nebenan sowie das **Schmetterlingshaus**: in einem Tropengarten flattern über 1000 Exemplare aus aller Welt umher (tgl. März–Okt. ab 8.30, Nov. bis Feb. nur Garten Sa, So ab 10 Uhr).

AUSFLUG IN DIE GARFAGNANA 9

Die schrofferen Gipfel der Apuanischen Alpen und die runderen Formen des Apennins rahmen das Flusstal des Serchio ein und bilden die Garfagnana.

Barga 5 📖 B2 (10 000 Einw.), der schönste Ort der Gegend, liegt auf 410 m Höhe. Ihn prägen noch heute mittelalterliche Plätze, Gassen und Treppen. Am höchsten Punkt warten eine großartige Aussicht und einer der schönsten romanischen Dome der Toskana, **San Cristofano**. Die Piazza Angelio unterhalb ist Schauplatz der Sommerfestivals von Barga. Berühmt sind v. a. **Opera di Barga**, (Juni/Juli), **Bel Canto Barga** (Sept.) und **Barga Jazz** (2. Aug.-Hälfte) (www.barganews.com).

INFOS
Centro Visite Parco Alpi Apuane
Infos zu guten Trekking- und Mountainbike-Touren sowie Reitwegen.
- Castelnuovo di Garfagnana
  Piazza delle Erbe 1 | Tel. 0 58 36 51 69
  www.parcapuane.it
  www.apuaneturismo.it

HOTEL
Casa Fontana €
Familiäres Haus aus dem 18. Jh., Nichtraucherhotel. Schöne, rustikal eingerichtete Zimmer, herrlicher Garten.
- Barga | Via di Mezzo 77
  Tel. (mobil) 34 96 84 27 21
  www.casa-fontana.com

RESTAURANTS
L'Altana €–€€
Traditionelle Gerichte der Garfagnana werden mit Zutaten aus dem eigenen Garten gekocht; hausgemachte Pasta, Brote und Nachspeisen.
- Barga | Via di Mezzo 1 | Tel. 05 83 72 31 92
  Mi u. Do mittags geschl.

Caffè Capretz €
Kleine warme Gerichte, Snacks, Salate in einem schönen Café von 1870.
- Barga | Piazza Salvo Salvi
  Tel. 05 83 72 30 01

BUCHTIPP
Der neue **Rother-Wanderführer »Toskana Nord«** (März 2019) enthält 50 Touren, darunter viele spannende Wege durch die Apuanischen Alpen.

DIE VERSILIA 🔟

In der **Versilia,** der Küstenregion von Cinquale bis zum Lago di Massaciuccoli, gibt es alles, was man für Ferien am Meer braucht: Restaurants und Hotels aller Preisklassen viele Campingplätze, Wassersport, Nightclubs und Discos. Als besonders familienfreundlich gilt der Lido di Camaiore bei Viareggio.

VIAREGGIO 6 📱 A3

Die Promenade des berühmtesten Badeortes (62 300 Einw.) der Toskana ist stets dicht bevölkert. Man wirft einen Blick in die Auslagen der Boutiquen, setzt sich in eine Eisdiele, läuft zum breiten Strand. Der **Uhrturm** und der Jugendstilbau des **Gran Caffè Margherita** sind Orientierungspunkte.

Beim See von Massaciuccoli in **Torre del Lago Puccini** kann man die Villa des Komponisten besichtigen (www.giacomopuccini.it). Puccinis Opern werden Ende Juli und im August auf der Seebühne gespielt (www.puccinifestival.it).

INFOS
I.A.T.
- Viareggio | Viale Carducci 10
  Tel. 05 84 96 22 33
  www.vacanzeinversilia.com

HOTEL
Hotel Plaza e de Russie €€€
Eine wahre Jugendstilperle, Panorama-restaurant, raffinierte Küche.
- Viareggio | Piazza d'Azeglio 1
  Tel. 0 58 44 44 49
  www.plazaederussie.com

RESTAURANT
Pino €€–€€€
Für Freunde der Meeresküche, bezahlbar, etwas altmodisches Ambiente.
- Viareggio | Via G. Matteotti 18
  Tel. 09 84 96 13 56
  Mi geschl.

PIETRASANTA 7 📱 A3

Das Städtchen (23 900 Einw.) überrascht Besucher im Zentrum der Altstadt mit der **Piazza del Duomo.** Neben dem roten **Campanile** zieht der im 13. Jh. begonnene **Dom** aus Marmor den Blick auf sich. Marmor heißt seit Jahrhunderten das Zauberwort der Stadt. Das **Museo dei Bozzetti** im alten Konvent gleich nebenan zeigt Modelle von Bildhauern, die aus aller Welt hierher kommen (Mitte Juni–Mitte Sept. Mo–Sa 9–13, Di–So 19–24, sonst Di–Sa 9–13, 14–19, So 16–19 Uhr, gratis; www.museodeibozzetti.com). Die rundlichen Figuren des Kolumbianers Fernando Botero sind in der Kirche **Sant'Antonio Abate** (Via Mazzini) zu sehen.

INFOS
I.A.T.
- Pietrasanta | Piazza Statuto
  Tel. 05 84 28 33 75
  www.comune.pietrasanta.lu.it

HOTEL
Nonna Lory €
Sympathisches kleines Haus mit acht Zimmern, seit 40 Jahren in den Händen derselben Familie, sehr gutes Restaurant.
- Pietrasanta | Via Traversagna 3
  Tel. 05 84 79 00 31
  www.nonnalory.com

RESTAURANT

Il Posto €€–€€€
Restaurant, Enothek und Galerie in einem
alten Gemäuer. Raffinierte Fischgerichte,
auch klassisch-toskanische Fleischspeisen.
• Pietrasanta | Piazza Carducci 12
　Tel. 05 84 79 14 16
　www.ristoranteilposto.it
　Mo–Do mittags geschl.

SHOPPING

Antiquitätenmarkt am 1. So und Kunsthandwerk am 2. So im Monat.

AKTIVITÄTEN

Das Besucherzentrum des **Nationalparks
Apuanische Alpen** in Seravezza (5 km
nördl.) bietet Infos zum Wandern, Biken,
Reiten im Park und ist auch **Pro Loco.**
• Seravezza | Via C. Del Greco 11
　Tel. 05 84 75 73 25
　www.parcapuane.it; www.apuaneturismo.
　it; www.prolocoseravezza.it
　Pro Loco: Sommer tgl. 8.30–18.30 Uhr,
　Winter nur vorm.

FORTE DEI MARMI 🔟 📘 A3

Das besondere Flair des mondänen
kleinen Badeortes mit seinen schönen Sandstränden spürt man beim
Bummel über die Via Carducci mit
Edelboutiquen und Kunstgalerien
sowie an der Piazza Garibaldi, wo
schon der Autor Thomas Mann im
Caffè Roma saß.

Ein Paradies für Kinder findet
sich an der Piazza Marconi (Autos,
Karussells), Gratis-Vergnügen bietet auch der nahe Spielplatz an der
Piazza Dante.

HOTEL

Hotel Astor Victoria €€–€€€
Nur 100 m vom Strand im Viertel Roma
Imperiale. Toskanische Küche, Terrasse.
• Forte dei Marmi | Via Caio Duilio 6
　Tel. 05 84 78 74 41
　www.hotelastorvictoria.it

RESTAURANT

Lorenzo €€€
Hochgelobt für die erstklassigen Fisch-
gerichte. Reservierung empfohlen.
• Forte dei Marmi | Via Carducci 61
　Tel. 0 58 48 96 71
　Mo außer Hochsommer geschl.

NIGHTLIFE

La Capannina
Tanzlokal (mit Restaurant); im Frühjahr und
Sommer Orchester- und Discomusik.
• Forte dei Marmi | Via Repubblica 16
　Tel. 0 58 48 01 69
　www.lacapanninadifranceschi.it

💬 **MARMOR**

Dem Marmor der Apuanischen Alpen verdankt **Carrara** 9️⃣ 📘 A2 seine Berühmtheit. Eindrucksvoll sind das **Museo Civico del Marmo di Carrara** (Viale
XX Settembre, Mo–Sa Mai–Sept. 9.30–13, 15.30–18, Okt.–Apr. 9–12.30, 14.30 bis
17 Uhr) und die **Marmorbrüche.** In der **Cava Fantiscritti** besucht man das Museum (Sommer tgl. 9.30–18 Uhr, Tel. 0 58 57 09 81, gratis). Lokale Küche mit
Lardo, in Marmorwannen gereiftem Speck, speist man bei **Venanzio** in Colon-
nata (Piazza Palestro 3, Do u. So abends geschl., Tel. 05 85 75 80 33, €€–€€€).

AN DER COSTA DEGLI ETRUSCHI

Die Orte entlang der Etruskischen Riviera sind ideal für einen Badeurlaub. Alle sieben Gemeinden der Livorneser Küste erhielten 2018 die blaue Flagge für saubere Strände, gute Wasserqualität und touristische Einrichtungen. Auch 170 km Reitwege sowie Reiterhöfe bietet die Küste › S. 31.

GRATIS ERLEBEN

- **Lilienblüte** Die Wappenblume von Florenz blüht im April und Mai im Liliengarten der Piazzale Michelangelo – von welchem man zudem einen Gratis-Traumblick auf die Stadt genießt. › S. 55
- Die Besichtigung der Kirche **Santa Maria delle Carceri** in Prato ist trotz ihrer Renaissance-Pracht gratis. › S. 72
- Zum **Astiludio** kommen Fahnenschwinger, Jongleure und Feuerspucker am ersten Sonntag im September nach Volterra. Auch die Zuschauer verkleiden sich gern mittelalterlich. Das Mitfeiern ist natürlich gratis. › S. 96
- **Spaziergang** Die Stadtmauern von Lucca umschließen die Altstadt vollständig; Einheimische flanieren hier gern, und dem Reisenden erschließt der vier Kilometer lange Rundgang gratis die liebliche Stadt. › S. 120

LIVORNO 10 A4

Die Stadt (158 900 Einw.) wurde von den Pisanern gegründet und entwickelte sich zu einem der wichtigsten Mittelmeerhäfen. Weite Plätze wie die **Piazza della Repubblica** kennzeichnen das Industriezentrum. Zwischen der im 11. Jh. begonnenen **Fortezza Vecchia** am Hafen und der erst Ende des 16. Jhs. errichteten **Fortezza Nuova** lädt das pittoreske Viertel **Venezia Nuova** mit seinen Kanälen zum Bummeln ein. Bis zum ersten Wochenende im August findet hier das einwöchige Fest **Effetto Venezia** statt, mit Musik, Kultur und Gastronomie.

INFOS
Ufficio Informazioni
- Livorno | Via Peroni 18/20
  Tel. 05 86 89 42 36
  www.provincia.livorno.it

HOTEL
Al Teatro €€
Kleines, stilvolles Haus mit schönem Garten, Zimmer mit antikem Mobiliar.
- Livorno | Via Mayer 42/57
  Tel. 05 86 89 87 05 | www.hotelalteatro.it

RESTAURANT
La Barcarola €€–€€€
Delikate Fischsuppe *cacciucco,* schöne Gartenterrasse. › mehr S. 14 Punkt 15
- Livorno | Viale Carducci 39
  Tel. 05 86 40 23 67 | So geschl.

SÜDLICH VON LIVORNO

Für einen Sprung ins kühle Nass eignen sich die Badeorte am Meer: **Vada**, **Cecina** und **Forte di Bibbona**. Vada überrascht mit feinstem weißem Sand vor einem kristallklaren Meer, den berühmten *spiagge bianche*. Sand gibt es auch am teils freien, teils mit touristischer Infrastruktur ausgestatteten Strand von **Marina di Bibbona**. In **Cecina** wechseln Sand und dunkle Kieselchen, der Strand vor dem Pinienwald im Süden des Ortes ist frei zugänglich.

INFOS
Pro loco
- Vada | Piazza Garibaldi 93
  Tel. 05 86 78 83 73
  www.prolocovada.it

RESTAURANT
Trattoria La Senese €€–€€€
Große, einfache Gaststätte nicht weit vom Bahnhof mit sehr guter Fischküche.
- Cecina | Via Diaz 22
  Tel. 05 86 68 03 35 | Di geschl.

AKTIVITÄTEN
- An den *spiagge bianche* in Vada trifft sich die Windsurf-, Surf-, Kitesurf- und SUP-Szene. Verleih von Ausrüstung und Kurse: **Zonakite** (www.zonakite.it), **Spot 1** in Cecina (www.spot1.it).
- Mountainbike-Fans finden in Bibbona im Hinterland 19 km Schotterpiste für eine Runde durch den Naturpark Macchia della Magona (Beschreibung: www.gps-tour.info/de/touren/detail.37065.html).

BOLGHERI 11 ⬛ B5
Die längste Zypressenallee Italiens (4,8 km) führt von San Guido hinauf zu dem malerischen Örtchen. Überall signalisiert das Schild *Merende* einen Imbiss, zu dem der lokale Wein besonders gut schmeckt
› Seitenblick S. 126.

CASTAGNETO CARDUCCI 12 ⬛ B6
Eine frühmittelalterliche **Adelsburg** beherrscht das hübsche Dorf mit herrlichem Blick auf die umliegenden, waldreichen Hügel und die sich zum Meer ausbreitende Ebene.

An der Küste ist **Marina di Castagneto Carducci** mit seinem flach abfallenden Strand ideal für Familienferien. Direkt im Zentrum gibt es Strandbäder mit allem Komfort, südlich und nördlich liegen die freien kilometerlangen **Strände** mit feinstem Sand vor der *pineta*, dem Pinienwald.

INFOS:
Ufficio Informazioni
- Marina di Castagneto Carducci
  Via della Marina 8
  Tel. 05 65 74 42 76 (Juni–Sept.).
  www.comune.castagneto-carducci.li.it

HOTEL
Alle Dune €–€€
In einem Pinien- und Wacholderhain. Bauten im Mittelmeerstil, Restaurant und breites Fitness- und Fun-Angebot, Pool, Wellness-Bereich.
- Marina di Castagneto Carducci
  Via Milano 14 | Tel. 05 65 74 66 11
  www.alledune.com

AUSFLUG NACH SUVERETO UND CAMPIGLIA MARITTIMA
Eine kurvenreiche, aber gute Straße mit schönen Ausblicken führt direkt von Castagneto Carducci über den Burgort **Sassetta** nach **Suvereto** 13 ⬛ B6, dessen geschlossenes mittelalterliches Ortsbild begeistert. Am Rande der Ebene des Flusses

DIE WEINSTRASSE ETRUSKISCHE KÜSTE

Die Region bietet optimale Bedingungen für herausragenden Wein

Zwischen Livorno und Piombino führt die **Strada del Vino della Costa degli Etruschi** in ein Land edler Weine und kulinarischer Genüsse.

AM ANFANG WAR DER SASSICAIA

Marchese Mario Incisa della Rocchetta kreierte 1970 auf seinem Gut San Guido in Bolgheri den Sassicaia. Dieser vollmundige Wein mit französischem Touch, Cabernet Sauvignon mit Cabernet Franc, sorgte für Furore in der internationalen Weinszene. In der Folge erlebten die Weine der ganzen Region einen Boom und lockten experimentierfreudige italienische Winzer in dieses Anbaugebiet. An der Strada del Vino gedeihen heute DOC-Weine mit Herkunftsgarantie: Bolgheri, Terratico, Bibbona, Montescudaio und Val di Cornia sowie die DOCG Val di Cornia Rosso und Suvereto.

- **Bolgheri DOC**
  Azienda Agricola »La Cipriana«
  €−€€ 📙 B6
  Direktverkauf, Landhotel.
  Castagneto Carducci
  Ortsteil Campastrello 176/B
  Tel. 05 65 77 55 68
  www.lacipriana.com
- **Montescudaio DOC**
  La Serra del Pino € 📙 B5
  Direktverkauf, Weinprobe, Restaurant.

Montescudaio | Ortsteil La Ceciaia
Tel. 05 86 65 04 37
www.laserradelpino.com
Hochsommer Mi–So, sonst nur Sa, So

- **Val di Cornia DOC**
  Tua Rita 📘 B6
  Familienbetrieb, sehr gute Weine,
  auch Direktverkauf.
  Suvereto | Ortsteil Notri 81
  Tel. 05 65 82 92 37 | www.tuarita.it
- Von den Spitzenweingütern hat nur
  San Guido (Sassicaia) einen Weinshop,
  Ornellaia und **Le Macchiole** vertreiben
  nur über den Handel.

WEIN ZUM GUTEN ESSEN

Die Weinstraße führt von Cecina auf
kurvigen Sträßchen nach Montescudaio und über das mittelalterliche
Bibbona auf die schöne Via Bolghe-
rese. Schilder mit der Aufschrift
Vendita diretta laden überall zum
Verweilen und Probieren ein. Ernst-
hafte Kaufabsichten sollte man bei
einer Verkostung allerdings mitbrin-
gen. Fachgeschäfte entlang der
Straße bieten die lokalen Produkte
und Spezialitäten an. Information
und Buchung für Weinproben:

- **Consorzio La Strada del Vino** 📘 B5
  Bolgheri | Ortsteil San Guido 45
  Tel. 05 65 74 97 68
  www.bolgheridoc.com
  www.lastradadelvino.com

Im Mai lädt das zweiwöchige Fest
»Castagneto a tavola« in **Castagneto Carducci** › S. 125 zu Tisch. Höhepunkt: ein Bankett auf der Piazza
(www.comune.castagneto-carducci.
li.it; www.castagnetoatavola.it).

Die Weinstraße schlängelt sich
dann weiter durch Kastanienwälder
zu malerischen Ortschaften wie
Sassetta, Suvereto und Campiglia
Marittima › **S. 128** und führt schließlich am Rande der Ebene des Flusses Cornia zurück an die Küste.

RESTAURANTS AN DER STRADA DEL VINO:

- **Ristorante Il Frantoio** €€–€€€ 📘 B5
  Lokale Spezialitäten und Weine in ge-
  pflegter Atmosphäre. Die Fischgerichte
  des Kochs Giorgio Scarpa werden an der
  ganzen Küste gelobt.
  Montescudaio
  Via della Madonna 9
  Tel. 05 86 65 03 81
  im Winter Di und mittags außer
  So geschl.
- **Ristorante Da Ugo** €€ 📘 B6
  Altstadt-Restaurant mit hervorragenden
  Weinen aus der Umgebung. Auf Bestel-
  lung wird die seltene Spezialität *testina
  di cinghiale* (Kopfsülze vom Wildschwein)
  zubereitet.
  Castagneto Carducci
  Via Pari 3/a
  Tel. 05 65 76 37 46 | Mo geschl.
- **Ristorante Zi' Martino** €–€€ 📘 B6
  Stimmungsvolles Landlokal, traditions-
  bewusster Familienbetrieb mit kleinem
  Hotel; Bikerservice.
  Castagneto Carducci
  Ortsteil San Giusto 262
  Tel. 05 65 76 60 00
  www.zimartino.com
  Mo außer im Hochsommer geschl.
- **Osteria Il Caminetto** €–€€ 📘 B6
  Zünftiges Lokal mit Pizzeria.
  Sehr zu empfehlen sind die haus-
  gemachten Nudelgerichte.
  Suvereto | Piazza S. Francesco 7
  Tel. 05 65 82 81 18
  Mi außer im Hochsommer geschl.

Cornia entlang fährt man weiter in die Kleinstadt **Campiglia Marittima** 14 📖 B6 mit dem einzigartigen **Parco Archeominerario San Silvestro** mit mittelalterlicher Bergwerkssiedlung und Minenstollen (www.parchivaldicornia.it).

RESTAURANT UND HOTEL

Locanda Il Canovaccio €–€€
Leckere Antipasti und Nudelgerichte, Meeresfrüchte, hausgemachte *dolci*.
• Campiglia Marittima | Via Vecchio Asilo 1
Tel. 05 65 83 84 49
www.locandailcanovaccio.it
nur abends, im Winter Di geschl.

SAN VINCENZO 15 📖 B6

San Vincenzo, einer der belebtesten Badeorte der Etruskischen Riviera, bietet feinen Sand, gute touristische Einrichtungen (auch Hundestrand) sowie Vergnügungsmöglichkeiten. Besonders schön ist der freie Strand vor dem Steineichenwald im Süden des Ortes, dem **Parco di Rimigliano**. Noch weiter südlich finden Sie kurz vor dem Golf von Baratti den Strand **Riva degli Etruschi** mit allen Annehmlichkeiten. Etwa 6 km südlich von San Vincenzo existiert eine FKK-Badezone (gelber Drachen).

INFOS

Ufficio Informazioni
• San Vincenzo | Via della Stazione
Tel. 05 65 70 15 33
ww.comune.san-vincenzo.li.it
Juni–Sept.

HOTEL

Riva degli Etruschi €–€€€
Hotel, Apartments, Bungalows, mit Wellness-Center, Pools, Restaurant und Pizzeria. Segel- und Windsurfkurse, Animation.
• San Vincenzo | Via della Principessa 120
Tel. 05 65 71 96 00
www.rivadeglietruschi.it

GOLFO DI BARATTI 16 ⭐ 11 📖 B6

Der wunderschöne Golf von Baratti mit feinem Sandstrand vor Schirmpinien (Strandbar, Sonnenschirm- und Bootsverleih, Duschen) zieht im Sommer Tausende Badegäste an. Eine Wiese samt Spielplatz bietet Abwechslung für die Kleinen.

Am Golf von Baratti liegen auch bedeutende **etruskische Nekropolen** (Mitte Jan., Feb. Sa, So 10–17, 1. Märzhälfte, 2. Okt.-Hälfte Di–So 10 bis 17, Mitte März–Mai, Mitte Sept. bis Mitte Okt. Di–So 10–18 Uhr, Juni, 1. Sept.-Hälfte Di–So 10–19, Juli–Aug. tgl. 9.30–19.30 Uhr; Par-

---

💬 **INSELPARADIESE**

Die sieben Inseln im Toskanischen Archipel, allen voran Elba und Giglio, sind zu jeder Jahreszeit ein Paradies für Erholungsbedürftige. Das mediterrane Ambiente mit herrlichen Stränden, türkisblauen Buchten und größtenteils unberührter Natur rundet ein vielseitiges Sport- und Freizeitangebot ab. Bootsausflüge nach Pianosa, Capraia und Giannutri kann man in Elbas Häfen buchen. Infos: **Ufficio Turistico Arcipelago,** Portoferraio, Calata Italia 44, Tel. 05 65 91 46 71, www.aptelba.it.

Nekropole in Populonia

cheocard, 50% Ermäßigung für weitere Parks des Val di Cornia: www.parchivaldicornia.it). Vom Kastell des Ortes **Populonia** genießt man die herrliche Aussicht aufs Meer.

Seit Etruskerzeiten spielt die Eisenverhüttung in dieser Gegend eine große Rolle, wie man im weiter südlich gelegenen **Piombino** 17 📱 B6 sehen – und riechen! – kann. Interessierte finden hier ein exzellentes kleines **Archäologisches Museum** (Mitte Okt.–Feb. Sa, So 10–17, April, Mai, Anf.–Mitte Okt. Sa, So 10–18, Juni–Sept. Di–So 10–18, Juli, Aug. Fr 15–23 Uhr, Weihnachten bis Neujahr 10–17, Ostern 10–18 Uhr; sonst nach Anmeldung Tel. 05 65 22 64 45; Parcheocard › oben).

VERKEHR
Von Piombino gehen tgl. Fähren nach Elba. Infos und Reservierung: www.mobylines.de, www.toremar.it (auch auf Dt.), www.blunavy traghetti.com (auch auf Dt.).

AKTIVITÄTEN

• Das **Naturschutzgebiet La Sterpaia** (gratis) im Süden Piombinos zwischen Torre del Sale und Torre Mozza mit feinem hellen Sandstrand ist gut geeignet für eine Wanderung mit der ganzen Familie – mit anschließendem Sprung ins Wasser.

• Zwischen dem Golf von Baratti und Populonia liegt die verwunschene Bucht **Buca delle Fate** (Feenloch) mit Kieselstrand. Man erreicht die Bucht erst nach einem 20-minütiger Marsch durch die Macchia, doch der Weg lohnt sich.

DIE MAREMMA

FOLLONICA 18 📱 B6
Hier beginnt die Maremma. Im Süden des Badeorts (21 400 Einw.) erstrecken sich feine Badebuchten und ein kilometerlanger Sandstrand vor einem Pinienwald. Die Landzunge **Punta Ala** 19 📱 B7 mit dem gleichnamigen Retortenort lädt zum Wasserspaß ein (www.puntaala.net).

INFOS

Proloco Follonica

• Follonica | Via Roma 49
Tel. 0 56 65 20 12
www.prolocofollonica.it

MASSA MARITTIMA 20 🔖 C6

Wer die zentrale Piazza der kleinen Stadt bei Sonnenuntergang erlebt hat, kommt sicher wieder! Die Stadt verdankt ihren Aufstieg den Mineralienvorkommen der **Colline Metallifere**. Im 16. Jh. brachte die Malaria den Niedergang des Ortes, den im 19. Jh. die Trockenlegung der Sümpfe und die erneute Inbetriebnahme der Bergwerke beendeten. Dieser Phase des Geldmangels verdankt die Stadt ihren hinreißenden Charakter, denn die Bausubstanz konnte nicht verändert werden: Die untere **Città Vecchia** ist bis heute vom 11. bis 13., die obere **Neustadt** vom 13./14. Jh. geprägt.

Die **Piazza Garibaldi** mit **Loggia del Comune, Palazzo Comunale** gegenüber, **Palazzo del Podestà** (mit archäologischem Museum) und 1228 begonnenem **Dom** ist einer der spektakulärsten Plätze der Toskana. In der Neustadt sind Reste der Festung zu sehen (14. Jh., besteigbarer Turm), das Bergbaumuseum **Museo d'Arte e delle Miniere** und das **Museo di Arte Sacra** sowie eine alte Ölmühle (z. Zt. wg. Renovierung geschl.) und eine Schreinerei, die nur von außen zu besichtigen ist (Infos: www.coopcollinemetallifere.it (auch auf Engl.); www.museidimaremma.it (auch auf Dt.); alle Museen Mo geschl.).

INFOS

Alta Maremma Turismo

• Massa Marittima | Via Todini 3/5
Tel. 05 66 90 27 56
www.altamaremmatoscana.it

Um die Piazza gruppiert sich die Altstadt von Massa Marittima

HOTEL

Il Sole €–€€
50 stilvolle Zimmer in einem mittelalterlichen Gebäude.
• Massa Marittima | Via della Libertà 43
  Tel. 05 66 90 62 11
  www.hotelilsolesrl.it

RESTAURANT

La Tana dei Brilli €–€€
In der hübsch gelegenen Osteria wird
u. a. hausgemachte Pasta serviert.
• Massa Marittima
  Vicolo Ciambellona 4
  Tel. 05 66 90 12 74 | Mi geschl

GROSSETO 21 ◨ C7

Das Zentrum der Maremma mit
82 100 Einw. hat ein modernes
Stadtbild, umgeben von Mauern aus
der Medici-Zeit. Ein Besuch lohnt
im **Museo Archeologico e d'Arte
della Maremma** mit antiker und
mittelalterlicher Kunst (Piazza Bec-
carini, Tel. 05 64 48 87 50, Di–Fr
Nov.–März 9–15, April, Mai, Mitte
Sept.–Okt. 10–17, Juni–Mitte Sept.
10.30–17.30, Sa, So, Fei Mitte Sept.
bis Mai 10–13, 16–19, Juni–Mitte
Sept. 10–13, 17–20 Uhr, Mo geschl.,
http://maam.comune.grosseto.it).

INFOS

Ufficio Turistico Provincia Grosseto
• Grosseto | Viale Monterosa 206
  Tel. 05 64 48 48 48
  www.quimaremmatoscana.it

HOTEL

Hotel Maremma €–€€
Hotel in der Fußgängerzone (Autos können
anfahren), 30 helle Zimmer (Klimaanlage);
Restaurant nebenan.-

• Grosseto | Via F. Paolucci de Calboli 11
  Tel. 0 56 42 22 93
  www.hotelmaremma.it

AUSFLUG NACH CASTIGLIONE DELLA PESCAIA 22 ◨ C7

Die herrliche **Pineta del Tombolo,**
ein Schirmpinienwald an der Küste,
liegt zwischen **Marina di Grosseto**
mit schönen Sandstränden und
dem Badeort **Castiglione della
Pescaia,** der mit einem pittoresken
Hafenkanal und einer mittelalterlichen Oberstadt samt pisanischer
Rocca aufwartet. Castiglione gehört
seit Jahren zu den saubersten Bade-
stränden der Toskana.

HOTEL

Riva del Sole €€–€€€
Die in einem Pinienhain gelegene Hotel-
anlage bietet auch Apartments an. Pool,
Restaurant und eine Windsurf- und Segel-
schule am Privatstrand.
• Castiglione della Pescaia
  Ortsteil Riva del Sole
  Tel. 05 64 92 81 11
  www.rivadelsole.it
  April–Mitte Okt.

AUSFLUG ZU DEN ETRUSKERN

Die sehenswerten Ausgrabungen
von **Roselle** 23 ◨ C7 haben auch
Reste römischer Bauten freigelegt,
darunter einen Tempel und eine Basilika (tgl. ab 8.30, Mai–Aug. bis 19,
März, April, Sept., Okt. bis 18.30,
Nov–Feb. bis 17.30 Uhr). Wer noch
mehr Lust auf etruskische Kultur
hat, findet sie 22 km weiter westlich
in **Vetulonia** 24 ◨ C7 mit den
prachtvollen Tumulusgräbern (gratis, Museum Eintritt).

RUND UM DEN MONTE ARGENTARIO 25 ⭐ 🔖 C8

Eine kleine Rundfahrt mit traumhaften Ausblicken auf das Meer bietet der Monte Argentario. Gleich drei sandige Landzungen verbinden die ehemalige Insel mit dem Festland (12 km).

Die hübschen Städte **Orbetello**, **Porto Ercole** und **Porto Santo Stefano** weisen Überreste spanischer Festungen auf; der Monte Argentario gehörte 1555–1708 zum spanisch beherrschten *Stato dei Presidi*. Im letzten Badeort der südlichen Toskana, **Ansedonia** 26 🔖 D8, liegen am Wasser Überreste der etruskischen und römischen Anlagen des antiken Cosa (Museum).

INFOS

Infobüro
• Orbetello | Piazza della Repubblica 1
  Tel. 05 64 86 04 47
  www.proloco-orbetello.it

VERKEHRSMITTEL

Täglich fahren Schiffe von Porto Santo Stefano zu den Inseln Giglio (www.toremar.it) und Giannutri (www.maregiglio.it).

HOTEL

Hotel La Caletta €€–€€€
Direkt am Meer, Privatstrand, Panorama-restaurant und Tauchzentrum.
• Porto Santo Stefano | Via G. Civinini 6
  Tel. 05 64 81 29 39
  www.hotelcaletta.it

RESTAURANT

I Pescatori €€
Exzellente Fischgerichte bei schlichtem Service in den ehemaligen Stallungen der Festung.
• Orbetello | Via Leopardi 9
  Tel. 05 64 86 06 11
  Hochsommer abends tgl., sonst nur Sa,
  So mittags u. abends

PITIGLIANO 27 🔖 E8

Den kleinen Ort muss man von der Kirche **Madonna delle Grazie** aus betrachten: von hier hat man den besten Blick auf die einmalige Silhouette. Der großartige **Orsini-Palast**, in dem sich das archäologische und das Museum für liturgische Kunst befinden, sowie die mittelalterlichen Gassen in der Altstadt, die auf den etruskischen Höhlen, Kellern und Gräbern entstand, verlei-

---

💬 **DIE MAREMMA**

Der Name (von *marittima* – am Meer) bezeichnete nach dem Verfall der etruskischen Entwässerungsanlagen ein durch Malaria und Piratenüberfälle entvölkertes Sumpf- und Hügelgebiet. Erst die Trockenlegung im 19. Jh. ließ die *butteri* (die Cowboys der Toskana) mit ihren Rinderherden zurückkehren. Die Maremma mit ihrer einzigartigen Flora und Fauna lernt man im Parco Regionale della Maremma mit dem schönen Sandstrand kennen. Besucherzentrum in Alberese 🔖 C7, auch Führungen, Tel. 05 64 40 70 98, www.parco-maremma.it. Am südlichen Eingangstor zum Park, in **Talamone**, trifft sich die Kitesurf-Szene (Ausrüstung, Kurse: www.twkc.it, www.kitesurfuniversity.com).

hen dem Ort besonderen Charakter. Und: Der Bianco di Pitigliano ist ein hervorragender Wein!

Einen eindrucksvollen Spaziergang in den Tuff-Untergrund und die einstige jüdische Welt Pitiglianos kann man beim Besuch der **Synagoge** und des **Museo Ebraico** erleben (So–Fr April–Sept. 10–13, 14.30–18 Uhr, Okt.–März 10–12, 15–17 Uhr).

INFOS
Ufficio Informazioni
Infos und gute Karten zu den etruskischen Höhlenwegen *(vie cave)* in der Umgebung.
- Pitigliano | Piazza Garibaldi 51
  Tel. 05 64 61 71 11
  www.comune.pitigliano.gr.it

HOTEL
Albergo Guastini €
Nettes Altstadthotel in Panoramalage, Restaurant mit Küche der Region.
- Pitigliano | Piazza Petruccioli 4
  Tel. 05 64 61 60 65
  www.albergoguastini.it

SHOPPING
Narcisi e Bussi
Wein und Spezialitäten der Maremma.
- Pitigliano | Via Santa Chiara 70
  www.narcisiebussi.com

AUSFLUG NACH SORANO, SOVANA UND SATURNIA
Das Etruskerstädtchen **Sorano** `28` ▌ E7, auf einem Tuffplateau gelegen, bietet eine sehenswerte **Orsini-Burg** und enge Gässchen in der Altstadt.

In **Sovana** `29` ▌ E7 stehen alle Sehenswürdigkeiten an einer Straße, die sich im Zentrum zur Piazza erweitert. Hier scheint sich das Straßenbild seit dem Mittelalter nicht verändert zu haben. Der herrliche romanische **Dom** liegt außerhalb.

In der etruskischen **Totenstadt** (ca. 1 km in westl. Richtung an der Straße nach San Martino sul Fiora) herrscht dank der üppigen Vegetation ein ganz eigenes Flair: sie erinnert an südamerikanische Tempelanlagen im Dschungel. Wanderwege führen zu den Gräbern.

Bei den kleinen Wasserfällen **Cascate del Mulino** in **Saturnia** `30` ▌ D7 vergnügen sich Tag und Nacht Menschenmassen in den 37,5 °C warmen Travertinbadewannen (gratis). Stilvoll badet man in den Thermalbecken des Nobelhotels Terme di Saturnia (Tel. 05 64 60 01 11).

HOTELS
Hotel della Fortezza €€
In der mächtigen Orsini-Burg kann man ganz romantisch schlafen.
- Sorano | Via Cairoli 5
  Tel. 05 64 63 35 49
  www.hoteldellafortezza.com

Albergo Scilla €–€€
In drei Gebäuden aus dem Mittelalter, stilvoll eingerichtet mit Schmiedeeisenbetten.
- Sovana | Via Rodolfo Siviero 3
  Tel. 05 64 61 43 29
  www.albergoscilla.com

RESTAURANT UND SHOPPING
Vino al Vino €€
Sehr gut sortierte Enoteca, die Salami (auch aus der Schweinerasse *Cinta Senese*) und Schafs- und Ziegenkäsespezialitäten zu den lokalen Weinen serviert.
- Sovana | Via Duomo | Tel. 05 64 61 71 08

AREZZO &
DAS ARETINO

Besonders mystisch wirkt das
Kloster Santa Maria degli Angeli bei
Chiusi della Verna im Abendlicht

Arezzo birgt hervorragende Werke Piero della Francescas. Im Süden des Aretino gewährt Cortona herrliche Ausblicke über das Chiana-Tal. Und in den Bergen des Casentino findet man Nationalparks und stille Klöster.

Arezzo und das **Aretino**, die östlichste Provinz der Toskana, liegen ein wenig abseits des großen Touristenstroms. Die malerisch am Oberlauf des Arno gelegene Handwerkerstadt und ihr Umland genießen bei Kunstfreunden einen besonderen Ruf, denn die wundervollen Fresken des Renaissance-Malers Piero della Francesca sind in Arezzo, Sansepolcro und Monterchi zu bestaunen. Im Süden des **Aretino** rahmen Hügel mit Panoramaaussicht das breite Chiana-Tal. Schon die Etrusker erkannten die strategisch günstige Lage Cortonas, das

eit bis nach Umbrien hinein blickt. Cortonas Museen beherbergen Renaissance-Kunst und Zeugnisse der etruskischen Kultur. Folgt man von Arezzo dem Lauf des Arno flussaufwärts, erreicht man die Bergwelt des Casentino. Dieser vom Tourismus noch wenig berührte Teil der Toskana zwischen dem Protomagno und den Serra- und Catenaia-Alpen wartet mit dichten Kastanienwäldern, im Sommer mit angenehmen Temperaturen (gut für Picknicks!) und den beiden berühmten Abteien La Verna und Camaldoli sowie den einladenden Orten Poppi und Stia.

TOUR IN DER REGION

TOUR
9

PIEROS FRESKEN & DAS CASENTINO

ROUTE: Arezzo › Monterchi › Sansepolcro › Chiusi della Verna › Poppi › Stia › Camaldoli

KARTE: Seite 136
DAUER: 5–6 Tage; 151 km

PRAKTISCHE HINWEISE:
- Alle Orte der Provinz Arezzo werden zwar von Überlandbussen angefahren (www.etruriamobilita.it), doch ist ein Auto sinnvoll, da die Busse tagsüber selten und abends gar nicht verkehren.
- Beim Antiquitätenmarkt am ersten Wochenende im Monat ist Arezzo sehr voll.
- Denken Sie in den Bergen auch im Sommer an warme Kleidung und festes Schuhwerk!

TOUR-START:

Die Fresken Piero della Francescas in der Kirche San Francesco bilden den Auftakt eines Besuchs in **Arezzo** **1** ▷ S. 137. Die romanische Pieve di Santa Maria, die weite Piazza Grande, die herrlichen Glasfenster im Dom, ein Spaziergang durch den Stadtpark, die Besichtigung der Casa di Giorgio Vasari und nicht zuletzt die wunderschönen *Vasi Aretini* im Archäologischen Museum: Ein Tag in Arezzo vergeht viel zu schnell. Am nächsten Morgen führt der Weg über bewaldete Hügelketten hinüber ins kleine **Monterchi** **4** ▷ S. 144 im Tiber-Tal zu Piero della Francescas schwangerer Madonna, einem wundervollen Fresko, und anschließend ins reizende **Sansepolcro** **3** ▷ S. 143. Hinter der hohen Stadtmauer lassen Sie sich von den Meisterwerken Piero della Francescas im Museo Civico anrühren, um dann vielleicht bei Busatti traumhaft schöne Stoffe zu erwerben. Am folgenden Tag führt die Fahrt am **Lago di Montedoglio**

TOUR IM ARETINO

TOUR **9** **PIEROS FRESKEN & DAS CASENTINO**

Arezzo ▷ Monterchi ▷ Sansepolcro ▷ Chiusi della Verna ▷ Poppi ▷ Stia ▷ Camaldoli entlang über **Pieve Santo Stefano** nach **Chiusi della Verna 5** › S. 144. Auf 1129 m, umgeben von der Stille des Bergwaldes, können Sie das von Franz von Assisi errichtete **Santuario La Verna** › S. 144 besichtigen. Der Wald lädt zu Wanderungen ein. Sie übernachten in einem Agriturismo in der Gegend, um am nächsten Tag das reizvolle **Poppi 6** › S. 144 zu erkunden. Dort erwartet Sie die Adelsburg der Grafen Guidi, die fotogen auf einem Hügel steht. Für Familien mit Kindern bietet sich ein Ausflug zum **Zoo della Fauna Europea** an (www.parcozoopoppi.it). 2 km von **Pratovecchio** bestaunen

Sie die einsam im Tal liegende romanische Kirche **San Pietro in Romena,** bevor Sie in den schönsten Ort des Casentino, nach **Stia 8** › S. 146, weiterreisen. Am folgenden Tag wandeln Sie unter den schattigen Laubengängen an der Piazza Tanucci, erkunden die Sehenswürdigkeiten des Städtchens und speisen direkt am Arno. Der Nachmittag bietet Gelegenheit für einen Ausflug auf 816 m zum Kloster und zur Einsiedelei von **Camaldoli 7** › S. 145. Nach der Besichtigung können Sie durch die Foresta di Camaldoli wandern und in der Foresteria des Klosters sogar übernachten › S. 146.

UNTERWEGS IN DER REGION

AREZZO **1** ⭐ 📖 E4

Schon in etruskischer Zeit war Arezzo einer der mächtigsten Orte des Zwölfstädtebundes. Auch nach der Eroberung durch die Römer im Jahr 294 v. Chr. erlebte es eine Blütezeit, wie das große Amphitheater zeigt. Im Mittelalter schwächten innere Zwistigkeiten und Kämpfe mit Siena und Florenz die Kommune. 1384 fiel Arezzo durch Verkauf an Florenz. Erst im 20. Jh. gewann die Stadt wieder an Bedeutung. Heute ist Arezzo, mit 99 500 Einwohnern viertgrößte Stadt der Toskana, das wichtigste Zentrum der Goldverarbeitung in Italien.

Von unten nach oben schlendert man durch den Ort: Der Corso Italia, die Einkaufs- und Flaniermeile,

führte schon um 1200 als wichtigste Ader in Richtung Norden zum politischen und geistigen Zentrum der Stadt. Autofahrer finden einen großen, kostenfreien Parkplatz nördlich des Doms › S. 140, von dort geht es mit Rolltreppen ins höher gelegene Zentrum. Vom Bahnhof erreicht man alle Sehenswürdigkeiten gut zu Fuß.

MUSEO ARCHEOLOGICO Ⓐ

Beginnen Sie ganz unten am Corso nach wenigen Meter rechts mit dem **Amphitheater** und dem didaktisch sehr gut aufgebauten **Museo Archeologico** in einem Klosterbau gleich nebenan – empfehlenswert v. a. wegen der zart dekorierten, korallenfarbigen *Vasi Aretini* (tgl. 8.30 bis 19.30 Uhr, 6 €).

Zentrum des städtischen Lebens in Arezzo ist die Piazza Grande

SAN FRANCESCO

Nur ein paar Schritte links vom Corso wartet die Hauptsehenswürdigkeit Arezzos, die Kirche San Francesco. Berühmt ist der Bettelordensbau aus dem 13. Jh. für **Piero della Francescas Fresken** in der Hauptchorkapelle. Der um 1420 in Sansepolcro › S. 143 geborene Künstler zählt zu den herausragenden Malern seiner Epoche, und die »Legende vom Kreuz Christi« bildet einen der vollkommensten Freskenzyklen nicht nur der Renaissance-Malerei. Im Mittelpunkt der Legende steht der Traum Kaiser Konstantins, in dem ihm der Sieg über Maxentius vorhersagt wurde, falls Konstantin den Kampf im Zeichen des Kreuzes führe (»In hoc signo vinces«). Die Szene mit den »Traum Konstantins« ist eine der ersten Nachtszenen in der Malerei. 15 Jahre lang wurde der Zyklus aufwendig restauriert (wg. beschränkter Besucherzahlen empfiehlt sich, Karten vorzubestellen: Tel. 05 75 35 27 27 oder Ticketbüro unter der Kirche; Sommer Mo–Fr 9–18.30, Sa 9–17.30, So 13–17.30 Uhr, Winter Mo–Fr 9–17.30, Sa 9–17, So 13 bis 17 Uhr; www.pierodellafrancesca.it › Il ciclo di affresci della vera croce, nur auf Ital.).

PIEVE DI SANTA MARIA

Man folgt wieder dem Corso, wobei man vermutlich nicht umhinkann, in das eine oder andere Schmuckgeschäft zu schauen.

So erreicht man die Pieve di Santa Maria, die zu den schönsten romanischen Bauten der Toskana zählt. Beeindruckend sind ihre Fassade und der Campanile, genannt »Turm der hundert Löcher« (in Wirklichkeit sind es 40 sogenannte Biforien, also 80 Löcher).

PIAZZA GRANDE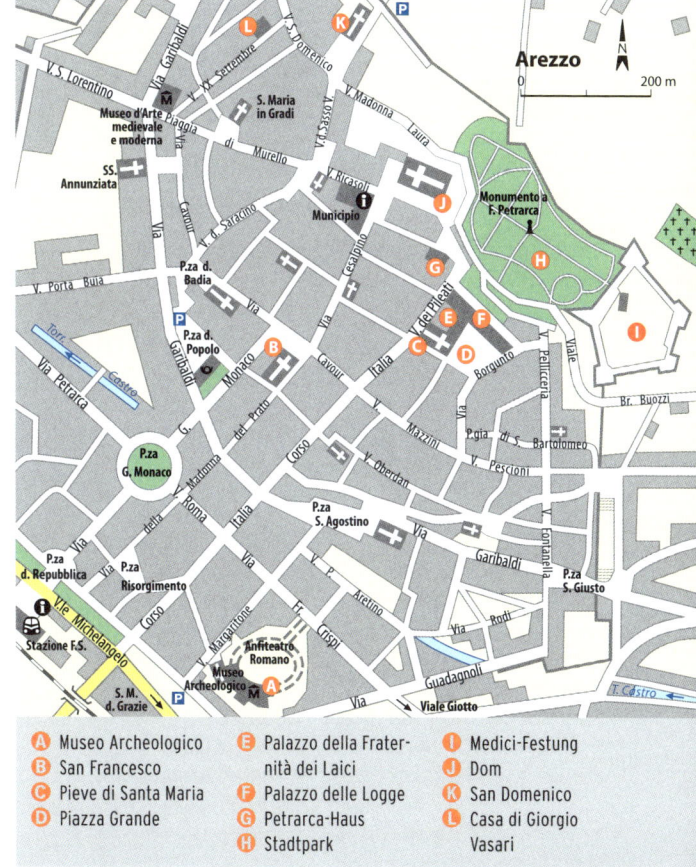

Typisch mittelalterliche Läden säumen den Weg vom Corso Italia zur Piazza Grande, Zentrum des städtischen Lebens seit dem 13. Jh. Sie ist auch Schauplatz der **Giostra del Saracino,** eines historischen Rittertuniers ▸ S. 43. Trotz der verschiedenartigen Baustile der ihn einrahmenden Gebäude wirkt der Platz als grandiose Einheit. Neben der Apsis der romanischen Pieve steht der Justizpalast aus dem 17. Jh., an den sich der **Palazzo della Fraternità dei Laici** anschließt. Dem gotischen Untergeschoss (1375–1377) fügte Bernardo Rossellino 1434 den oberen Teil im Stil der Frührenaissance hinzu. Den Glockenturm entwarf im 16. Jh. Giorgio Vasari ▸ S. 141, ebenso wie den imposanten **Palazzo delle Logge** .

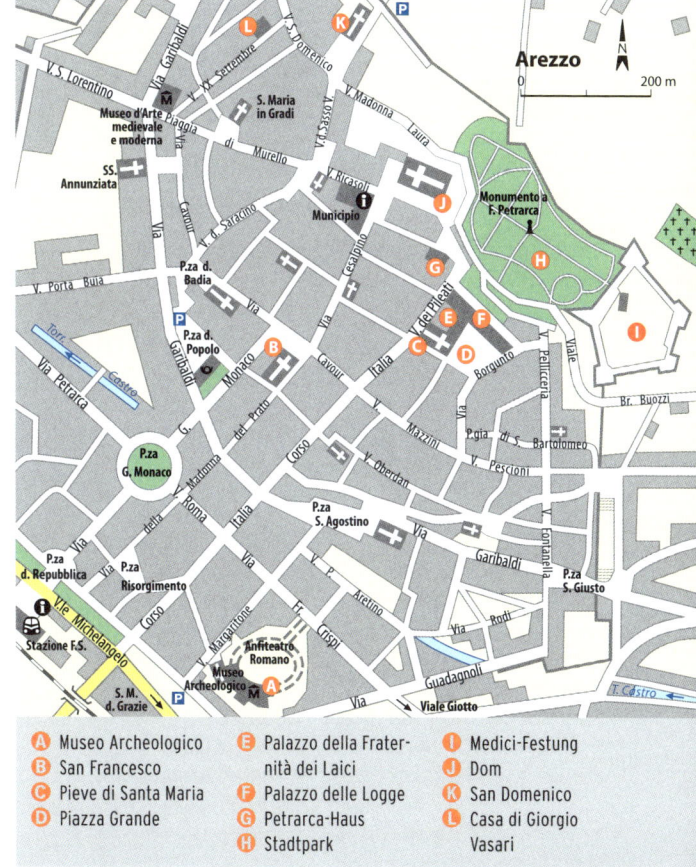

- Ⓐ Museo Archeologico
- Ⓑ San Francesco
- Ⓒ Pieve di Santa Maria
- Ⓓ Piazza Grande
- Ⓔ Palazzo della Fraternità dei Laici
- Ⓕ Palazzo delle Logge
- Ⓖ Petrarca-Haus
- Ⓗ Stadtpark
- Ⓘ Medici-Festung
- Ⓙ Dom
- Ⓚ San Domenico
- Ⓛ Casa di Giorgio Vasari

SHOPPING

In den teils recht urigen Läden an der Piazza Grande findet man das ganze Jahr über Antiquitäten, nicht nur am 1. Wochenende im Monat beim größten Antikmarkt Italiens › S. 142.

VON DER HÜGELKUPPE IN DIE WESTLICHE ALTSTADT

Fast ganz oben am Corso Italia liegt das **Geburtshaus Francesco Petrarcas G**, eines der bedeutendsten italienischen Dichter (1304–1374).

Im nahe gelegenen **Stadtpark H** kann man unter schattigen Bäumen eine Pause einlegen. Wer durch den weitläufigen Park bis zu den Überresten der Anfang des 16. Jhs. erbauten **Medici-Festung I** spaziert, wird mit einem herrlichen Panoramablick belohnt.

DOM J

Das Schönste am gotischen Dom sind die Glasfenster, 1518 bis 1524 von Guillaume de Marcillat geschaffen. Er arbeitete auch in anderen Aretiner Kirchen, z. B. San Francesco und SS. Annunziata. Das große Rundfenster mit dem »Pfingstwunder« in der Fassade sowie v. a. die Fenster mit der »Auferweckung des Lazarus« und der »Vertreibung der Händler aus dem Tempel« erzählen in leuchtenden Farben biblische Geschichten, die in die Renaissance-Architektur der Zeit gestellt sind.

Auch der Dom birgt ein Werk Piero della Francescas: Das kostbare Fresko der **Hl. Magdalena** neben der Sakristeitür kann man sich in Ruhe ansehen, im Gegensatz zu den Fresken in San Francesco › S. 138.

Das eindrucksvolle **Grabmal** daneben ließ der Bischof und Stadtherr Guido Tarlati sich errichten (1328).

Sieht sie nicht schön alt aus, die **Cappella della Madonna del Conforto?** Was so uralt wirkt, entstand erst Ende des 18. Jhs. im historisierenden Stil. Wirklich aus der Renaissance stammen hingegen die herrlichen Terrakotta-Arbeiten von Andrea della Robbia.

SAN DOMENICO K

Zu den beeindruckendsten Bettelordenskirchen der Toskana gehört dieser 1275 im gotischen Stil begonnene Kirchenbau, der die gleichnamige Piazza abschließt. In seiner Schlichtheit großartig wirkt der einschiffige Innenraum mit dem offenen Dachstuhl. Der schöne Freskenschmuck stammt aus dem 14./15. Jh., das **Kruzifix** über dem Hauptaltar ist ein Frühwerk von Cimabue (um 1260/70), es wurde jüngst restauriert.

CASA DI GIORGIO VASARI L

1540 kaufte Vasari dieses Haus, das sein Refugium vor den Bürden des Alltags in Florenz werden sollte. Er dekorierte eigenhändig einige Räume mit mythologischen Szenen im manieristischen Kunstgeschmack seiner Zeit (Mo, Mi–Sa 8.30–19, So, Fei 8.30–13 Uhr).

INFOS

Benvenuti ad Arezzo

- Arezzo | Piazza della Libertà 1
  Tel. 05 75 37 76 78
  www.arezzoturismo.it; | www.visitarezzo.com | › mehr S. 16 Punkt **25**

HOTELS

Graziella Patio Hotel €€–€€€
Ausgesuchte Einrichtung aus aller Welt gibt jedem Zimmer in dem Palazzo des 17. Jhs. seine eigene stilvolle Note. Wi-Fi, Mac Book, viel Liebe zum Detail.
• Arezzo | Via Cavour 23
Tel. 05 75 40 19 62 | www.hotelpatio.it

Continentale €€
Elegantes Traditionshotel in Altstadtnähe, komfortabel ausgestattete Zimmer.
• Arezzo | Piazza Guido Monaco 7
Tel. 0 57 52 02 51
www.hotelcontinentale.com

RESTAURANTS

La Lancia d'Oro €€–€€€
Am Hauptplatz unter den Loggien Vasaris, gute aretinische Küche, köstliche *pici* mit Entenragout.
• Arezzo | Piazza Grande | Tel. 0 57 52 10 33

La Torre di Gnicche €–€€
Sympathische Enothek, gute Grappas, einheimische Gerichte.

💬 **GIORGIO VASARI**

Der berühmte Sohn Arezzos (1511–1574) schuf mit seinen 1550 publizierten Viten von herausragenden Malern, Bildhauern und Architekten, darunter z. B. Leonardo da Vinci und Raffael, das erste wissenschaftliche Werk der Kunstgeschichtsschreibung. Selbst Maler und Architekt, errichtete er als Baumeister des Medici-Großherzogs Cosimo I. die berühmten Uffizien › **S. 58** in Florenz.

• Arezzo | Piaggia San Martino 8
Tel. 05 75 35 20 35 | Mi geschl.

SHOPPING

Die **Fiera Antiquaria** am 1. Sa/So im Monat ist der größte Antiquitätenmarkt der Toskana. Das gesamte Zentrum von Arezzo ist Verkaufsfläche. › **mehr S. 12 Punkt** ❺

Fattoria La Vialla
Öl, Wein, Pecorino u. a. eigene Produkte aus ökologischem Anbau (ca. 12 km nordwestl. von Arezzo). Man kann auch Landhäuser mieten, in Seen baden, reiten und Fahrräder leihen.
• Castiglion Fibocchi | Via di Meliciano 26
Tel. 05 75 47 77 20 | www.lavialla.it

CORTONA ❷ ⭐ 📱 E5

Die einst mächtige Etruskerstadt bezaubert Besucher mit ihrer mittelalterlichen Altstadt. Vom 494 m hoch gelegenen Ort eröffnen sich traumhafte Aussichten über das Chiana-Tal, aus dem die Chianina-Rinder für die exzellente *bistecca* kommen. Diese kann man jedes Jahr am 14./15. August bei der *Sagra della bistecca* (Fest des Steaks) kosten.

Im **MAEC – Museo dell'Accademia Etrusca e della Città di Cortona** (Palazzo Pretorio) sieht man den berühmten etruskischen **Bronzeleuchter** mit 16 Lucernaren (4. Jh. v. Chr.), Mumien, Bucchero-Gefäße, langobardische Gewandfibeln und auch ein Madonnenbildnis von Pinturicchio (Sommer tgl. 10–19, Nov. bis März tgl. außer Mo 10–17 Uhr, Sammelticket mit Museo Diocesano). An der zentralen **Piazza della Repubblica** sitzen die Besucher am liebsten auf der großartigen Freitreppe und bewundern den zinnenbekrönten Turm des **Palazzo Comunale**. Man spaziert von hier am besten zur **Piazza della Pescaia**, die den Aufstieg in den pittoresken **oberen Stadtteil** lohnt. Hier wartet die Kirche **San Niccolò** (15. Jh.) mit einem eleganten Portikus auf. Ein steiler, von Zypressen gesäumter Weg führt weiter hinauf zur etwas protzigen Basilika **Santa Margherita**, die der Stadtheiligen geweiht ist. Das herrliche Panorama reicht hier bis zum Trasimenischen See!

Der berühmteste Sohn der Stadt ist der Maler Luca Signorelli (um 1445–1523), dessen Werke im **Museo Diocesano** zusammen mit der »Verkündigung« (um 1433) von Fra Angelico zu den Hauptsehenswürdigkeiten Cortonas zählen (geöffnet wie Museo dell'Accademia Etrusca).

Die schöne Kirche **Madonna del Calcinaio** liegt 2,5 km außerhalb Richtung Camucia. Der Renaissancebau von Francesco di Giorgio Martini besticht durch klare Linien (tgl. 16–19 Uhr, gratis).

ANTIKES & KUNSTHANDWERK

- »Fierucola« und »Collezionare in Piazza« sind die sehenswerten Märkte in **Prato**. › S. 74
- Antiquitäten, Trödel und Kunsthandwerk findet man auch in **San Miniato**. › S. 94
- Die Piazza Grande ist Schauplatz des Antiquitäten- und Kunsthandwerksmarkts in **Montepulciano**. › S. 101
- Jedes 2. Wochenende findet der Markt für Antiquitäten und Kunsthandwerk in **Pisa** statt. › S. 117
- Rund um den Dom findet der »Mercato Antiquario« in **Lucca** statt, der Kunsthandwerksmarkt auf der Piazza S. Giusto. › S. 120
- Antiquitäten und Kunsthandwerk gibt es in **Pietrasanta**. › S. 123
- Ganz **Arezzo** verwandelt sich bei der »Fiera Antiquaria« in einen Antiquitätenmarkt. › S. 141

INFOS

Ufficio Informazioni Turistiche
- Cortona | Piazza Signorelli 9
Tel. 05 75 63 72 21
www.cortonaweb.net
www.valdichianaretina.com

HOTELS

Farneta €–€€
Bei der Abtei von Farneta, im Grünen, gute Küche mit eigenen Produkten.
- Cortona | Ortsteil Farneta 3
Tel. 05 75 61 02 41
www.hotelfarneta.it

San Luca €–€€
Modern ausgestattete Zimmer am Rand des *centro storico*, schöne Aussichtsterrasse.
- Cortona | Piazza Garibaldi 1
Tel. 05 75 63 04 60
www.sanlucacortona.com

RESTAURANTS

Taverna Pane e Vino €–€€
Enothek im Keller eines alten Palazzo; über 900 Weine, kleine, wohlschmeckende Gerichte, im Sommer auch draußen.

- Cortona | Piazza Signorelli 27
  Tel. 05 75 63 10 10 | Mo geschl.

La Grotta €
Typisches kleines Familienlokal, man genießt toskanische Küche.
- Cortona | Piazza Baldelli 3
  Tel. 05 75 63 02 71 | Di geschl.

SHOPPING
Schwelgen können Antiquitätenfreunde in Cortona Ende Aug./Anfang Sept. auf der »Cortona Antiquaria«, bei der es zwei Wochen lang antike Möbel zu kaufen gibt.

SANSEPOLCRO ③ ▮ F4

Mächtige Mauern und eine **Festung** aus dem 16. Jh. an der Nordostecke beschützen das Viereck der schachbrettartig angelegten Altstadt von Sansepolcro. Zwischen 1415 und 1420 wurde hier Piero della Francesca, der große Renaissancekünstler, geboren. Paläste aus dieser Epoche und im manieristischen Stil sieht man in der **Innenstadt,** auch blieben einige mittelalterliche Wohntürme erhalten.

Der Palazzo della Residenza an der Piazza Garibaldi ist Sitz des **Museo Civico** mit seinen wunderschönen Gemälden, vor allem den Werken Pieros (tgl. Mitte Juni–Mitte Sept. 10–13.30, 14.30–19, sonst 10 bis 13, 14.30–18 Uhr).

HOTELS/RESTAURANT
Enoteca Guidi €
Eine *locanda* mit sechs Zimmern und gutem Restaurant, angeschlossen an die Enoteca mit großer Weinauswahl, Pilzen, Trüffel, Käse- und Salamispezialitäten.

»Auferstehung Jesu Christi« von Piero della Francesca

- Sansepolcro | Via Pacioli 46
  Tel. 05 75 73 65 87
  www.locandaguidi.it
  Mi geschl.

Fiorentino €
Angenehmes Hotel im Herzen des Ortes.
- Sansepulcro | Via Luca Pacioli 56
  Tel. 05 75 74 03 50
  www.albergofiorentino.com

SHOPPING
Busatti
Die traditionsreiche Weberei in Anghiari produziert erlesene Stoffe für Betten und Kissen, Handtücher und Tischwäsche (Shop auch in Anghiari).
- Sansepolcro
  Via Piero della Francesca 48/A
  Tel. 05 75 74 15 39
  www.busatti.com

AUSFLUG NACH MONTERCHI 4 📖 F4

Im 15 km von Sansepolcro entfernten Örtchen Monterchi kann man ein Meisterwerk Piero della Francescas in einem eigens dafür eingerichteten Museum bewundern: das Fresko der **Madonna del Parto** (»schwangere Muttergottes«) mit der statuengleichen, wie aus Stein gemeißelten Madonna besticht durch seine perfekte Symmetrie (April–Okt. tgl. 9–13, 14–19, Nov. bis März Mi–Mo 9–13, 14–17 Uhr).

RESTAURANT

Locanda al Castello di Sorci €
Landgasthof in traumhaft schöner Lage, etwa 7 km nördlich von Monterchi Richtung Anghiari. Hier wird traditionelle toskanische Küche serviert.

• Anghiari
Ortsteil San Lorenzo
Tel. 05 75 78 90 66
Mo/Di geschl.

CHIUSI DELLA VERNA 5 📖 E4

Der südlichste Punkt des Nationalparks Foreste Casentinesi schließt gerade noch das **Santuario La Verna** ein. Oberhalb des kleinen Dorfes Chiusi della Verna, in einem Bergmassiv zwischen dem Arno- und dem Tiber-Tal, errichtete der heilige Franz von Assisi ab 1213 inmitten eines alten Buchen- und Fichtenwaldes ein Kloster. Zu den Schätzen der **Chiesa Maggiore** (Baubeginn

1348) gehören die Terrakotten von Andrea della Robbia.

Rechts neben der Chiesa Maggiore führt eine Treppe hinab zur ältesten Kirche, **Santa Maria degli Angeli,** deren Bau noch zu Lebzeiten des hl. Franz begonnen wurde.

Links von der Chiesa Maggiore führt der »Korridor der Stigmata« in die Zelle des hl. Franz und in die **Cappella delle Stimmate,** wo der Heilige die Wundmale Christi empfangen haben soll (www.santuario laverna.org).

HOTEL

La Collina delle Stelle €–€€
Der Agriturismo 16 km nordwestlich von Chiusi bietet Zimmer und Apartments an; Pool, Restaurant.

• Bibbiena
Ortsteil Casanova
Tel. 05 75 59 48 06
www.lacollinadellestelle.it

POPPI 6 📖 E4

Das reizvolle Städtchen auf 437 m Höhe ruht zu Füßen des Nationalparks Monte Falterona-Campigna-Foreste Casentinesi. Die anmutigen Bogengänge der Hauptstraße Via Cavour verbinden die romanische **Kirche San Fedele** und die von Arkaden umschlossene Rundkirche **Madonna del Morbo.** Ein paar Schritte weiter oben am Hügel beherrscht der **Adelspalast der Grafen Guidi,** die in Poppi einst ihren Hauptsitz hatten, das Bild. Mit seinem mächtigen, weithin sichtbaren Turm, der Zugbrücke und den hölzernen Wehrgängen im Inneren

Das Castello dei Conti Guidi bietet vom Turm einen fantastischen Ausblick

bietet der Palazzo unwiderstehliche Fotomotive für Burgenfans.

Den besten Blick auf die Burg hat man, wenn man durch den Bogen rechts von der Kirche San Fedele tritt (Mitte März–Mitte Okt. tgl. 10–18, Juli–Aug. 10–19, Nov.–Mitte März Do–So 10–17 Uhr, Tel. 05 75 52 05 16, www.buonconte.com).

HOTEL

Bioagriturismo Casale Camalda €
Offene Dachbalken, viel Stein und Holz, schöne Apartments für Selbstversorger – und das alles inmitten des Nationalparks, gut 12 km nordöstlich von Poppi.
• Serravalle di Bibbiena
  Ortsteil Castagnoli 33
  Tel. 05 75 51 91 04
  www.agriturismocamalda.it

AUSFLUG NACH CAMALDOLI 7 ⭐ ▮ E3

Die **Abtei Camaldoli** gründete der hl. Romuald (952–1027) mit einer **Einsiedelei** (*Eremo di Camaldoli*) inmitten eines Waldes. Man sieht die dorfähnliche Anlage der 20 Zellen und die doppeltürmige barocke **Chiesa del Salvatore**. Nur die Kirche und die Zelle des hl. Romuald sind zugänglich. Man braucht zu Fuß ca. 40 Min. für die 3 km zum eigentlichen Klosterkomplex. Der Spaziergang führt durch einen Nadelwald, die **Foresta di Camaldoli**, seit Jahrhunderten von den Mönchen gepflegt und heute Teil des Nationalparks. Da die Ordensgebäude den

Mönchen vorbehalten bleiben, kann man von der Anlage selbst nur die Kreuzgänge, die barockisierte Kirche und die schöne alte **Apotheke** (16. Jh.) besichtigen. Hier verkaufen die Mönche klostereigene Produkte (tgl. 9–12.30, 14.30–18 Uhr, Winter Mi geschl. und kürzer).

INFOS

- **Infopunkt des Nationalparks Foreste Casentinesi**
  Über 600 km markierte Wege führen durch den Nationalpark.
  Camaldoli | Tel. 05 75 55 61 30
  www.parcoforestecasentinesi.it
- Kartenmaterial auch im
  Ufficio Turistico Pratovecchio
  Camaldoli | Via G. Brocchi 7a
  Tel. 05 75 50 30 29
  Mo–Fr 9-13, Juli, Aug. Mo–Sa 9–13 Uhr
- **Consorzio Casentino Sviluppo e Turismo**
  Sehr gute Infos zum Casentino.
  Ponte a Poppi | Via Roma 203
  Tel. 05 75 52 05 11
  www.casentino.net (auf Engl.)

AKTIVITÄTEN

- Das ganze Jahr über bietet das Kloster Camaldoli Meditationswochen an. Man kann auch im Gästehaus übernachten (Tel. 05 75 55 60 13; www.camaldoli.it).
- Von Camaldoli führt ein rund 2-stündiger, relativ leicht begehbarer, ausgeschilderter Rundweg durch den Wald.

STIA 8 ▮ E3

Am Zusammenfluss von Arno und Staggia entwickelte sich im Mittelalter der Marktort Stia. Arkaden zieren die **Piazza Mazzini,** von der man zum Ausstellungszentrum Pa-

lagio Fiorentino kommt – 1908 in eklektischen Formen erneuert. Es beherbergt heute das Museum für zeitgenössische Kunst (meist Juni bis Sept. Sa, So, 16–19 Uhr).

Jenseits des Flusses Staggia bildet die von Laubengängen gesäumte Piazza Tanucci das malerische Zentrum des Ortes. Die Kirche **Santa Maria Assunta** versteckt sich hinter einer Fassade aus dem 18. Jh., besitzt aber noch den romanischen Innenraum und Kostbarkeiten wie das **Relief** »Madonna mit Kind« von della Robbia.

HOTEL

Albergo Falterona €€
In einem Palazzo aus dem 15. Jh., ruhiges, komfortables Hotel.
- Stia | Piazza Tanucci 85
  Tel. 05 75 58 35 45
  www.albergofalterona.it

RESTAURANT

La Rana €–€€
Direkt am Arno in einem Park gelegen, klassische Casentiner Gerichte.
- Stia | Ortsteil Tirasasso
  Tel. 05 75 50 45 05 | Mo geschl.

AKTIVITÄTEN

Von Stia führen viele Wanderwege in den **Nationalpark Foreste Casentinesi,** der die Grenze zwischen der Toskana und der Romagna bildet und mit seinem dichten Waldbestand vielen Tieren Schutz bietet, etwa Rehen, Hirschen, Wildschweinen und sogar Wölfen. Infopoint des Nationalparks: www.parcoforestecasentinesi.it; Wanderungen: www.outdooractive.com/de/wanderungen/stia/wanderungen-in-stia/16908401/.

EXTRA-TOUREN

Die Abbazia di Sant'Antimo liegt
nahe Castelnuovo dell'Abate in der
friedlichen Landschaft

DIE UNESCO-HIGHLIGHTS IN EINER WOCHE

> **ROUTE:** Pisa › Florenz › San Gimignano › Siena › Val d'Orcia › Pienza
>
> **KARTE:** Klappe hinten
> **DISTANZEN: Pisa › Florenz** 85 km/49 Min. Zug; **Florenz › San Gimignano**
> 54 km/1,20 Std. Bus 130 in Poggibonsi/40 Min. Pkw; **San Gimignano › Siena**
> 41 km/1,10 Std. Bus/35 Min. Pkw; **Siena › San Quirico d'Orcia** 43 km/1 Std. Bus (über
> Montalcino und Sant'Antimo mit Pkw 65,5 km/1 Std.); **San Quirico d'Orcia › Pienza**
> 9,5 km/15 Min. Bus und Pkw.
> **VERKEHRSMITTEL:** Von Pisa nach Florenz fährt man am besten mit dem Zug (Ver-
> bindungen stdl.; www.trenitalia.com), von Florenz nach San Gimignano und weiter
> nach Siena mit dem Bus (www.tiemmespa.it). Für die Tour ins Orcia-Tal nimmt man
> einen Mietwagen oder fährt mit dem Bus (tagsüber regelmäßige Verbindungen,
> abends keine). Kleinere Straßen sind oft kurvenreich.

Die Tour beginnt mit der wohl bekanntesten Sehenswürdigkeit der Toskana,
dem Schiefen Turm in **Pisa** › S. 113. Wie für die Ewigkeit gebaut, ganz in
Weiß, erheben sich am Domplatz, Weltkulturerbe der UNESCO, Campanile, Dom und Baptisterium aus der grünen Wiese. Die Atmosphäre der Stu-
dentenstadt erleben Sie am besten beim Bummel durch das *centro storico*
rund um die Uni. Die Hauptstadt der Region, **Florenz** › S. 55, deren gesamte Altstadt Weltkulturerbe ist, erwartet Sie am zweiten und dritten Tag. Wer
sich die Kunstschätze der großen Museen nicht entgehen lassen möchte,
aber auch keine Zeit in langen Warteschlangen verlieren will, nutzt den Be-
stellservice für Eintrittskarten von Firenze Musei › S. 58. Spazieren Sie vom
Dom mit der alles überragenden roten Kuppel Brunelleschis zum weltlichen
Zentrum, der Piazza della Signoria mit dem mächtigen Palazzo Vecchio, der
eleganten Loggia dei Lanzi und dem noblen Caffè Rivoire. Auf dem Ponte
Vecchio locken die Auslagen der Goldschmiede, im Viertel Oltrarno der
größte Florentiner Renaissance-Palast, der Palazzo Pitti mit seinem zum
UNESCO-Weltkulturerbe gehörenden Park Giardino di Boboli. An der nahen Piazza Santo Spirito kann man den Abend ausklingen lassen. Am
nächsten Tag bestaunen Sie Michelangelos Architektur in den Cappelle Medicee und Brunelleschis Konstruktionen in San Lorenzo, bevor Sie sich dem
Straßenmarkt und der Markthalle zuwenden. Echt toskanische Küche genießt man nahebei. Nach den zarten Fresken Fra Angelicos im Museo di San

Marco widmen Sie den Nachmittag dem Chic der Florentiner Boutiquen rund um die Piazza della Repubblica und in der Via de' Tornabuoni. Vor dem Abendessen besteigen Sie am Hauptbahnhof Bus Nr. 12 oder 13 bis zum Piazzale Michelangelo, um von dort den einmaligen Blick auf die Stadt im Abendrot zu genießen. Beim Abstieg über die Porta San Miniato können Sie die Enothek Fuori Porta nicht verfehlen.

Der folgende Tag gehört dem »Manhattan der Toskana«, dem noch ganz mittelalterlich geprägten UNESCO-Weltkulturerbe-Städtchen **San Gimignano** › S. 91 mit seinen Geschlechtertürmen. Am Abend genießen Sie ein Gläschen des lokalen Vernaccia-Weines auf der Piazza della Cisterna.

Siena › S. 86 präsentiert sich am fünften Tag als rotbraunes Gesamtkunstwerk aus Backstein. Das Herz des von der UNESCO als Weltkulturerbe gewürdigten historischen Zentrums schlägt an der zentralen Piazza del Campo, die harmonisch vom Palazzo Pubblico abgeschlossen wird. Nach einer Stärkung in einem der Restaurants steigen Sie zum Dom hinauf. Danach können Sie auf Sienas Einkaufsmeilen Via di Città und Via Banchi di Sopra bummeln und ein *Panforte* erstehen, bevor Sie in der stilvollen Compagnia dei Vinattieri Spezialitäten zu exzellenten Weinen verzehren.

An den letzten beiden Tagen besuchen Sie das ebenfalls UNESCO geadelte **Val d'Orcia** › S. 97 und tauchen ein in den von Menschenhand über Jahrhunderte gestalteten Landschaftspark. Weiße Schafherden, gelbe Sonnenblumen, Getreidefelder mit leuchtend roten Mohnblumen – harte, staubige, gelblich schimmernde Erdbrocken: Je nach Jahreszeit begleiten Sie die Hügel und die traumhaften Ausblicke entlang der Via Cassia von einem Ort zum nächsten. Beginnen Sie mit einem Spaziergang durch das malerische **Montalcino** › S. 97 und verkosten Sie den Spitzenwein Brunello di Montalcino. Am Nachmittag lassen Sie sich von der Schönheit der **Abteikirche Sant'Antimo** › S. 98 verzaubern, bevor Sie über das Burgstädtchen **Castiglione d'Orcia** in das reizende **Bagno Vignoni** › S. 98 weiterfahren. Über **San Quirico d'Orcia** › S. 99 reisen Sie durch eine herrliche Landschaft zur unter UNESCO-Schutz stehenden Renaissance-Idealstadt **Pienza** › S. 99. Der Pecorino des Ortes macht den Abschied aus der Region leichter – man kann ihn schließlich mit nach Hause nehmen.

Die Loggia dei Lanzi in Florenz

TOUR
11

KLEINE SCHÖNHEITEN IN 9 TAGEN

ROUTE: San Miniato › Certaldo › Colle di Val d'Elsa › Volterra › Massa Marittima › Castiglione della Pescaia › Orbetello › Pitigliano › Sovana › Santa Fiora › Radicofani › Montepulciano › Cortona › Sansepolcro

KARTE: Klappe hinten

DISTANZEN: **San Miniato** › **Certaldo** 27 km; **Certaldo** › **Colle di Val d'Elsa** 27 km; **Colle di Val d'Elsa** › **Volterra** 27,5 km; **Volterra** › **Massa Marittima** 65 km; **Massa Marittima** › **Castiglione della Pescaia** 59 km; **Castiglione della Pescaia** › **Orbetello** 97 km; **Orbetello** › **Pitigliano** 62 km; **Pitigliano** › **Sovana** 8 km; **Sovana** › **Santa Fiora** 47 km; **Santa Fiora** › **Radicofani** 50 km; **Radicofani** › **Montepulciano** 27 km; **Montepulciano** › **Cortona** 30 km; **Cortona** › **Sansepolcro** 60 km.

VERKEHRSMITTEL: Am besten fährt man die Tour mit dem Auto. Alle Orte sind aber auch mit dem Überlandbus › S. 26 zu erreichen, zu den Küstenorten kommen Sie auch gut mit der Bahn (www.trenitalia.com).

Die Tour berührt Orte voller Anmut und Kunst, die das Gesicht der Region nicht minder prägen als ihre berühmteren Schwestern Florenz oder Pisa. Sie beginnt in **San Miniato** › S. 93. Genießen Sie die Spezialitäten der Trüffelstadt! Nach dem Mittagessen reisen Sie weiter in das bezaubernde **Certaldo** › S. 92 an der Via Boccaccio. Auf einer der landschaftlich schönsten Strecken der Region fährt man am zweiten Tag über **San Gimignano** › S. 91 ins Glaszentrum der Toskana, **Colle di Val d'Elsa** › S. 90. Durch die Hügellandschaft geht es nach **Volterra** › S. 94. Durchstreifen Sie die Gassen, wandern Sie zu den spektakulären *balze* › S. 95. Am nächsten Tag warten die Zeugnisse etruskischer Kunst im Archäologischen Museum. Nach einem Spaziergang auf der Piazza dei Priori fahren Sie eine kurvenreiche, aber herrliche Strecke über Larderello nach **Massa Marittima** › S. 130. Lassen Sie sich von der Abendstimmung auf der Piazza Garibaldi verzaubern. Nach der Besichtigung des mittelalterlichen *centro storico* können Sie tags darauf am Sandstrand vor dem Pinienhain von **Punta Ala** › S. 129 das Meer genießen. Am Abend laben Sie sich im hübschen **Castiglione della Pescaia** › S. 131 an der Fischküche. Nach einem oder mehreren Badetagen reisen Sie zum **Monte Argentario** › S. 132 und genießen bei der Rundfahrt um den 635 m hohen Berg das einzigartige Panorama. In das Hinterland der Maremma geht es am sechsten Tag. Dicht am Abgrund kleben die Häuser von **Pitigliano** › S. 132.

In einem der charakteristischsten Dörfchen der Toskana, **Sovana** › S. 133, wandern Sie zu etruskischen Grabdenkmälern. Am nächsten Tag werden die Hügel höher, die Aussicht weiter bei der Anfahrt auf den **Monte Amiata** › S. 102. Das reizvollste Städtchen ist sicher **Santa Fiora** › S. 103. Vielleicht legen Sie einen Wandertag in den lichten Laubwäldern oder einen Badetag in den **Bagni San Filippo** › S. 103 unterhalb von **Radicofani** › S. 103 ein? Anderntags geht es durch die herbe Crete-Landschaft hinüber nach **Montepulciano** › S. 100. Ein Kleinod mittelalterlicher Baukunst auf etruskischem Grund wartet mit **Cortona** › S. 141 am folgenden Tag. Der letzte Tag führt Sie nach **Sansepolcro** › S. 143, wo man einige der schönsten Werke Piero della Francescas besichtigen kann. Ein bisschen shoppen und abends die lokale Küche genießen: Ein idealer Abschluss für eine Toskana-Reise.

NATURERLEBNIS TOSKANA

ROUTE: Artimino › Barga › Carrara › Castagneto Carducci › Campiglia Marittima › La Sterpaia › Massa Marittima › Regionalpark Maremma › Sovana › Monte Amiata › Val d'Orcia › Greve in Chianti › Castellina in Chianti › Foresta di Camaldoli › Stia

KARTE: Klappe hinten

DISTANZEN: **Artimino** › **Barga** 124 km; **Barga** › **Carrara** 60 km; **Carrara** › **Castagneto Carducci** 133 km; **Castagneto Carducci** › **Campiglia Marittima** 41 km; **Campiglia Marittima** › **La Sterpaia** 18 km; **La Sterpaia** › **Regionalpark Maremma (Massa Marittima)** 100 km; **Regionalpark Maremma** › **Sovana** 90 km; **Sovana** › **Monte Amiata** 67 km; **Monte Amiata** › **Orcia-Tal** 71 km; **Orcia-Tal** › **Greve in Chianti** 108 km; **Greve in Chianti** › **Castellina in Chianti** 40 km (5–8 Std. per Fahrrad); **Castellina in Chianti** › **Foresta di Camaldoli** 120 km; **Foresta di Camaldoli** › **Stia** 17 km.

VERKEHRSMITTEL: Am besten sind die einzelnen Wander- und Bike-Gebiete mit dem Pkw zu erreichen. Mit Überlandbussen › S. 26 kommen Sie auch überall hin, es dauert nur viel länger. Wenn Sie sich auf wenige Wander- und Fahrradtouren (zu Kartenmaterial und Tourinfos › S. 31) beschränken, können Sie auch alles zu Fuß und mit öffentlichen Verkehrsmitteln bzw. mit dem Bike bewältigen, die Fahrradtouren sind in der Regel anspruchsvoller.

Als Einstieg in eine Naturtour durch die unterschiedlichen Landschaften der Toskana beginnen Sie mit dem **Montalbano** › S. 72, einem Gebiet, das noch nicht vom Massentourismus überlaufen ist. Von **Artimino** mit seinem herrlichen Ausblick › S. 76 wandern Sie bis nach **Carmignano** › S. 75, wo Sie auch übernachten (eine Tourbeschreibung auf Dt. finden Sie unter: www. montalbano.toscana.it/de/trekking › Wanderroute 01a).

Am zweiten Tag fahren Sie hinauf in die **Garfagnana**, in das malerische **Barga** › S. 121, einen idealen Ausgangspunkt für Mountainbike-Touren in den Apennin. Nach einer Übernachtung wechseln Sie ans Tyrrhenische Meer in die **Versilia** › S. 122. Hier lockt ein Ausflug von Carrara nach **Campo Cecina** in den **Nationalpark Apuanische Alpen** › S. 123 mit traumhaftem Panorama. Legen Sie einen Badetag an den Sandstränden der Versilia ein (Übernachtung in **Viareggio** › S. 122), bevor Sie an der Etruskischen Küste von **Castagneto Carducci** › S. 125 aus zu Fuß oder mit dem Fahrrad die Hügellandschaft hinter der Küste erkunden (Tour: www.visittuscany.com/ en/itineraries/hiking-in-castagneto-carducci/). Übernachten können Sie in **Marina di Castagneto Carducci** › S. 125.

Nach einem weiteren Badetag an der **Costa degli Etruschi** › S. 124 fahren Sie bis **Campiglia Marittima** › S. 128 und durchstreifen den Parco Archeo-minerario. Nehmen Sie Quartier in **San Vincenzo** › S. 128. Am folgenden Tag lädt das Naturschutzgebiet **La Sterpaia** südlich von **Piombino** › S. 129 zum Wandern und Baden ein. Im nahen **Massa Marittima** › S. 130 können Sie übernachten. Tags darauf erkunden Sie den **Regionalpark Maremma** › S. 132, wandern, biken und baden am unverbauten Sandstrand. Ein Spaziergang durch fast dschungelartige Wildnis erwartet Sie nach einer Übernachtung in **Sovana** › S. 133 bei der Besichtigung der etruskischen Grabbauten. Am nächsten Tag genießen Sie die lichten Laubwälder am **Monte**

Zu Pferd durch die Maremma

Amiata › S. 102, sowohl per pedes als auch besonders mit dem Bike bei der »Grand Tour dell'Amiata Senese« › S. 105. Nach zwei weiteren Übernachtungen wandern oder radeln Sie in der herrlichen Parklandschaft des **Orcia-Tals** auf dem 3-stündigen »Anello Bagno Vignoni« bei **Bagno Vignoni** › S. 99. Die Weinberge des Chianti lernen Sie an den folgenden Tagen bei einer Radtour von **Greve in Chianti** › S. 68 nach **Castellina in Chianti** › S. 70 kennen. Die Naturtour führt abschließend durch die jahrhundertealte **Foresta di Camaldoli** › S. 145 auf der 2-stündigen Rundwanderung »Sentiero Natura« im **Nationalpark Foreste Casentinesi** oberhalb von **Stia** › S. 146.

INFOS VON A–Z

ÄRZTLICHE VERSORGUNG

EU-Bürger werden gegen Vorlage der Europäischen Krankenversicherungskarte kostenlos behandelt. Eine zusätzliche private Auslandskrankenversicherung ist empfehlenswert.

BARRIEREFREIES REISEN

In den Hotelverzeichnissen zeigt das Rollstuhlsymbol die Eignung für Behinderte an. In Orten mit vielen Treppen haben es Behinderte sehr schwer; abgeschrägte Bürgersteige sind selten.

- **Bundesverband Selbsthilfe Körperbehinderter,** Altkrautheimer Str. 20 74238 Krautheim, Tel. 0 62 94/ 428 10, www.bsk-ev.org
- Adressen von geeigneten Hotels, zur Fortbewegung, Museumsbesichtigung u. a. in Florenz unter www.firenze turismo.it (> Turismo accessibile bzw. Florence without barriers).

DIPLOMATISCHE VERTRETUNGEN/ KONSULATE

- **Deutschland:** Corso dei Tintori 3, Florenz, Tel. 05 52 34 35 43, florenz@hk-diplo.de
- **Österreich:** Lungarno A. Vespucci 58, Florenz, Tel. 05 52 65 42 22, cons.austria@alpiworld.com
- **Schweiz:** Piazzale Galileo 5, 50125 Florenz, Tel. 055 22 24 34, firenze@honrep.ch

EINREISEBESTIMMUNGEN

EU-Bürger wie Schweizer benötigen einen gültigen Reisepass oder Personalausweis, Autofahrer den nationalen Führerschein.

Hunde und Katzen benötigen den europäischen Haustierpass *(pet pass).* Er ist nur mit gleichzeitiger Identifikation des Tieres durch Mikrochip gültig. Der Tierarzt, der den Pass ausstellt, muss auch eine Tollwutimpfung bestätigen. Leine und Maulkorb gehören mit ins Gepäck.

EINTRITTSPREISE

In staatlichen Museen zahlen EU-Bürger unter 18 und über 65 Jahren nichts, von 18 bis 25 erhalten sie Ermäßigung. In vielen kommunalen und kirchlichen Museen gibt es ebenfalls Ermäßigungen für Kinder und Senioren. Für viele Museen u. Ä. gibt es preisgünstige Sammeltickets, Hinweise dazu finden Sie bei den jeweiligen Museen. Ausstellungen sind meist relativ teuer; es gibt fast nie die Möglichkeit, nur die Ausstellung oder nur das Museum zu besuchen.

FEIERTAGE

1. und 6. Januar, Ostern *(Pasqua)*, Ostermontag, 25. April (Jahrestag der Befreiung), 1. Mai (Tag der Arbeit), 2. Juni (Tag der Republik), 15. Aug. *(Ferragosto,* Mariä Himmelfahrt), 1. Nov., 8., 25. und 26. Dez. sowie der Tag des jeweiligen Stadtheiligen.

GELD & WÄHRUNG

Bankautomaten funktionieren mit Bank- oder Kreditkarte. Kreditkarten werden allgemein akzeptiert.

INFORMATIONEN

Staatliche italienische Fremdenverkehrsämter (ENIT)

- **In Deutschland** Barckhausstr. 10, 60325 Frankfurt/M., Tel. 0 69/23 74 34 frankfurt@enit.it www.enit.it, www.enit.de
- **In Österreich** Mariahilfer Str. 1b/Mezzanin-Top XVI 1060 Wien, Tel. 01/5 05 16 39 vienna@enit.it, www.enit.at

- **In der Schweiz**
  Schweizer wenden sich an das italienische Konsulat in Zürich,
  Tödistr. 65, 8002 Zürich
  Tel. 044/286 61 11
  consolato.zurigo@esteri.it
- **In Italien**
  Die örtlichen Fremdenverkehrsämter **Uffici Turistici, I.A.T.** (Informazioni e Accoglienza Turistica), **Pro loco** und **Uffici Informazioni** helfen bei der Hotelsuche, Ferien in Landhäusern (Agriturismo), etc.

NOTRUF

- **Polizei** *(Carabinieri):* Tel. 113, 112
- **Unfallrettung:** Tel. 118
- **Feuerwehr** *(Vigili del fuoco):* Tel. 115
- **Allgemeiner Notruf/Erste Hilfe:** Tel. 118
- **Pannendienst des ACI** *(Soccorso stradale):* Tel. 80 31 16
- **ADAC-Notrufnummer für Unfälle im Ausland:** Tel. 089/22 22 22

ÖFFNUNGSZEITEN

- **Banken:** Mo–Fr 8.30–13.30 Uhr (viele auch nachmittags).
- **Geschäfte:** Mo–Sa 9–13 und 15.30 bis 19.30 Uhr, manche sind Mo vormittags geschl. In der Saison sind Geschäfte in Touristenzentren bis spät abends und auch So geöffnet.
- **Kirchen:** Viele sind von 12/13 bis 15/16 Uhr geschlossen.
- **Museen** ändern oft die Öffnungszeiten (viele Museen Mo geschl.)
- **Tankstellen** sind – außer an Autobahnen – über Mittag sowie So, Fei geschl. Manche haben Tankautomaten (Bargeld und/oder Kreditkarte).

QUITTUNGEN

Für Dienstleistungen, Bar- oder Restaurantbesuche werden Quittungen *(ricevuta fiscale)* ausgestellt, deren Aufbewahrung Vorschrift ist. Die Steuerpolizei kontrolliert dies und bestraft hart.

RAUCHEN

In allen öffentlichen Gebäuden, auch in Bars und Restaurants ohne Raucherzimmer, herrscht **Rauchverbot.** Bei Verstoß drohen hohe Geldstrafen.

SOUVENIRS

Die Verlockung mag groß sein, aber die Strafen sind empfindlich: Nicht nur der Verkauf, sondern auch der Kauf (!) gefälschter Markenartikel wird in Italien hart bestraft.

TELEFON/HANDY

Bei Ortsgesprächen muss man die Ortsvorwahl samt Null wählen (z. B. Florenz: 0 55). **Handys** (ital. *telefonino*) funktionieren problemlos; das teure Roaming wurde abgeschafft. Italienische Handynummern beginnen mit einer 3 ohne 0 am Anfang.

Vorwahlnummern (international):

- **Deutschland:** 00 49
- **Österreich:** 00 43
- **Schweiz:** 00 41
- **Italien:** 00 39

ZOLL

Für Reisende aus den EU-Ländern ab 17 Jahren gelten die folgenden Richtmengen: 800 Zigaretten, 90 l Wein, 10 l Spirituosen. Für Schweizer sind 2 l Wein, 2 l Alkoholika unter bzw. 1 l über 15 Vol.-%, 50 ml Parfüm und Souvenirs für max. 300 CHF zollfrei.

💬 URLAUBSKASSE

• Tasse Espresso:	1,50 €
• Softdrink (Cola):	3,50 €
• Glas Bier:	4,80 €
• Panino:	4,20 €
• Portion Eis (2 Kugeln):	2 €
• Taxifahrt (innerstädtisch, 12 km):	15 €
• Mietwagen/Tag:	55 €

REGISTER

BILDNACHWEIS

Coverbild: Pinienallee, Maremma © Mato/Carassale
Fotos Umschlagrückseite: links © Shutterstock/ronnybas frimages; Mitte © Huber Images/Carassale, Matteo; rechts © laif/hemis/Jacques, Pierre

Fotolia/Adamus: 81; Fotolia/arianna71: 67; Fotolia/Brad Pict: 17; Fotolia/creativenature.nl: 50; Fotolia/gimsan: 104; Fotolia/hipproductions: 30; Getty Images/Pistolesi, Andrea: 15; Getty Images/REDA&CO: 16; Google_Art_Project: 42; Huber Images/Carassale, Matteo: 45; Huber Images/Carovalliano, Francesco: 23; Huber Images/Cellai, Stefano: 149; Huber Images/Da Ros, Luca: 129; Huber Images/Fantuz, Olimpio: 48/49; Huber Images/Gräfenhain, Günter: 12; Huber Images/Huber, Hans Peter: 147; Huber Images/Huber, Johanna: 120; Huber Images/Link, Thorsten: 20/21; Huber Images/Ripani, Massimo: 39; imago/Spiegl, Sepp: 93; Jahreszeitenverlag/Borges, Darshana: 152; Jahreszeitenverlag/Gonzalez, Miguel: 10; Jahreszeitenverlag/Peters, Janne: 37; laif/hemis/Jacques, Pierre: 100; laif/Kirchgessner, Markus: 65; laif/Le Figaro Magazine/Rogery: 31; laif/Mattes, Rene: 73; Lookphotos/age fotostock: 34/35; Lookphotos/Richter, Juergen: 134; Maiwald, Stefan: 8, 27; mauritius images/Foodanddrinkphotos: 18; Pixelio/Rupp, Klaus: 91; plainpicture/AWL/Mackie, Tom: 6/7; Schapowalow/Carovillano, Francesco: 106; Schapowalow/Dutton, Colin: 46; Schapowalow/Fantuz, Olimpio: 13; Schapowalow/Rellini, Maurizio: 80; Schapowalow/Vaccarella, Luigi: 9; Shutterstock/Galeotti, Eddy: 87; Shutterstock/Hibiscus81: 77; Shutterstock/Jakobusvide: 78; Shutterstock/JeniFoto: 95; Shutterstock/Khirman, Vladimir: 138; Shutterstock/LianeM: 130; Shutterstock/Lobodzinska, Agnieszka: 64; Shutterstock/lorenzobovi: 29; Shutterstock/Pixachi: 112; Shutterstock/Puddori, Luciano: 117; Shutterstock/ronnybas frimages: 69; Shutterstock/Rostagno, Federico: 126; Shutterstock/T photography: 59; stock.adobe.com/anna.q: 14; stock.adobe.com/Cavalletti, Monica: 145; stock.adobe.com/gimsan: 107; stock.adobe.com/Uwalthie Pic Project: 96; Web Gallery of Art: 41, 143; Wikipedia/Rigazzi, Niccolò: 51.

Liebe Leserin, lieber Leser,
wir freuen uns, dass Sie sich für diesen POLYGLOTT on tour entschieden haben.
Unsere Autorinnen und Autoren sind für Sie unterwegs und recherchieren sehr gründlich, damit Sie mit aktuellen und zuverlässigen Informationen auf Reisen gehen können.
Dennoch lassen sich Fehler nie ganz ausschließen. Wir bitten Sie um Verständnis, dass der Verlag dafür keine Haftung übernehmen kann.

Ihre Meinung ist uns wichtig. Bitte schreiben Sie uns:
GRÄFE UND UNZER VERLAG
Postfach 86 03 66, 81630 München, Tel. 0 89 / 419 819 41
www.polyglott.de

LESERSERVICE
polyglott@graefe-und-unzer.de
Tel. 0 800 / 72 37 33 33 (gebührenfrei in D, A, CH), Mo–Do 9–17 Uhr, Fr 9–16 Uhr

1. Auflage 2019

© 2019 GRÄFE UND UNZER VERLAG GmbH, München
Dieses Buch wurde auf chlorfrei gebleichtem Papier gedruckt.
ISBN 978-3-8464-0445-4

Bei Interesse an maßgeschneiderten B2B-Editionen:
gabriella.hoffmann@graefe-und-unzer.de

Bei Interesse an Anzeigen:
KV Kommunalverlag GmbH & Co KG
Tel. 089/928 09 60
info@kommunal-verlag.de

Verlagsleitung: Grit Müller
Verlagsredaktion: Anne-Katrin Scheiter
Autor: Stefan Maiwald, Monika Pelz
Redaktion: Elke Sagenschneider, München
Bildredaktion: Dr. Nafsika Mylona
Mini-Dolmetscher: Langenscheidt
Umschlaggestaltung & Layout:
Independent Medien Design, München
Horst Moser (Artdirection), Lucie Heselich
Karten und Pläne: Theiss Heidolph und Kunth Verlag GmbH & Co. KG
Satz: Tim Schulz, Mainz
Herstellung: Anna Bäumner, Gloria Schlayer
Druck und Bindung:
Printer Trento, Italien

PEFC
PEFC/18-31-506

GRÄFE UND UNZER

Ein Unternehmen der
GANSKE VERLAGSGRUPPE

MINI-DOLMETSCHER ITALIENISCH

ALLGEMEINES

Guten Tag.	Buongiorno. [buond**seho**rno]
Hallo!	Ciao! [**tscha**o]
Wie geht's?	Come sta? [**kome** sta]
Danke, gut.	Bene, grazie. [**bäne graz**je]
Ich heiße ...	Mi chiamo ... [mi kjamo]
Auf Wiedersehen.	Arrivederci. [arri**weder**tschi]
Morgen	mattina [**mat**tina]
Nachmittag	pomeriggio [pome**rid**seho]
Abend	sera [ßera]
Nacht	notte [**not**te]
morgen	domani [do**ma**ni]
heute	oggi [**od**sehi]
gestern	ieri [**jä**ri]
Sprechen Sie Deutsch?	Parla tedesco? [**par**la te**des**ko]
Wie bitte?	Come, prego? [**kome präg**o]
Ich verstehe nicht.	Non capisco. [non ka**pis**ko]
Sagen Sie es bitte nochmals.	Lo può ripetere, per favore. [lo puo ri**pä**tere per fa**wore**]
..., bitte.	..., per favore. [per fa**wore**]
danke	grazie [**graz**je]
Keine Ursache.	Prego. [**präg**o]
was / wer / welcher	che / chi / quale [ke / ki / **kuale**]
wo / wohin	dove [**dowe**]
wie / wie viel	come / quanto [**kome** / **kuan**to]
wann / wie lange	quando / quanto tempo [**kuan**do / **kuan**to **täm**po]
warum	perché [per**ke**]
Wie heißt das?	Come si chiama? [**kome** ßi kjama]
Wo ist ...?	Dov'è ...? [do**wä**]
Können Sie mir helfen?	Mi può aiutare? [mi puo aju**tare**]
ja	sì [ßi]
nein	no [no]
Entschuldigen Sie.	Scusi. [**sku**si]
Gibt es hier eine Touristeninformation?	C'è un ufficio di turismo qui? [**tschä** un uf**fit**scho di tu**ris**mo kui]
Haben Sie einen Stadtplan?	Ha una pianta della città? [a **u**na **pjan**ta **del**la **tschit**ta]
Wann ist ... geöffnet?	A che ora è aperto (m.) / aperta (w.) ...? [a **ke** ora ä a**pär**to / a**pär**ta]
das Museum	il museo (m.) [il mu**se**o]

SHOPPING

Wo gibt es ...?	Dove posso trovare ...? [**dowe pos**so tro**ware**]
Wie viel kostet das?	Quanto costa? [**kuan**to **kos**ta]
Wo ist eine Bank?	Dov'è una banca? [do**wä** una **bang**ka]
Ich suche einen Geldautomaten.	Dove posso trovare un bancomat? [**dowe pos**so tro**ware** un **bang**komat]
Geben Sie mir 100 g Käse / zwei Kilo Pfirsiche	Mi dia un etto di formaggio / due chili di pesche. [mi **dia** un **ät**to di for**mad**seho / **due** kili di **päs**ke]
Wo kann ich telefonieren / eine Telefonkarte kaufen?	Dove posso telefonare / comprare una scheda telefonica? [**dowe pos**so telefo**nare** / kom**prare** una **ske**da telefo**ni**ka]

ESSEN UND TRINKEN

Die Speisekarte, bitte.	Il menu per favore. [il **me**nu per fa**wore**]
Brot	pane [**pane**]
Kaffee	caffè / espresso [kaf**fä** / es**prës**so]
Tee	tè [tä]
mit Milch / Zucker	con latte / zucchero [kon **lat**te / **zuk**kero]
Orangensaft	succo d'arancia [**suk**ko da**rant**scha]
Mehr Kaffee, bitte.	Un altro caffè, per favore. [un **al**tro kaf**fä** per fa**wore**]
Suppe	minestra [mi**näs**tra]
Nudeln	pasta [**pas**ta]
Fisch / Meeresfrüchte	pesce / frutti di mare [**pesche** / **frut**ti di **mare**]
Fleisch	carne [**karne**]
Geflügel	pollame [pol**lame**]
Beilage	contorno [kon**torno**]
vegetarische Gerichte	piatti vegetariani [**pjat**ti wed**sehe**tar**ja**ni]
Ei	uovo [**uovo**]
Salat	insalata [in**ßala**ta]
Dessert	dolci [**dolt**schi]
Obst	frutta [**frut**ta]
Eis	gelato [d**sehela**to]
Wein	vino [**wino**]
Bier	birra [**bir**ra]
Wasser	acqua [**aku**a]
Mineralwasser	acqua minerale [**aku**a mine**rale**]
mit / ohne Kohlensäure	gassata / naturale [gas**sata** / natu**rale**]
Ich möchte bezahlen.	Il conto, per favore. [il **kon**to per fa**wore**]

CHECKLISTE TOSKANA

Nur da gewesen oder schon entdeckt?

☐ **WELTBERÜHMTE KUNST**
Schon die Räume in den Uffizien sind eine Pracht. Doch die Gemälde übertreffen einfach alles. Wenn Sie nur ein einziges Museum besuchen möchten, dann dieses! › S. 58

☐ **STADTBESICHTIGUNG, GANZ ENTSPANNT**
Auf der Stadtmauer von Lucca kann man einmal um die Altstadt herumlaufen. Hier promenieren auch die Einheimischen im Schatten und schauen sich das Städtchen von oben an. › S. 120

☐ **EDLE TROPFEN**
Ideale Bedingungen finden Weinreben in der Toskana. Den Beweis liefert eine Weinprobe in Montepulciano. Mit einem Experten an der Seite schmeckt es noch mal so gut! › S. 100

☐ **HARMONISCHE ARCHITEKTUR**
Die weite Piazza del Campo in Siena, umgeben von Gebäuden aus dem 13. Jh., ist einer der schönsten Plätze der Welt mit ganz besonderem Flair. › S. 86

☐ **WELTMEISTER-EIS**
Eisdielen gibt es überall, aber den Eis-Weltmeister nur einmal: Sergio Dondoli in San Gimignano. › S. 14

☐ **AUSSPANNEN AUF ITALIENISCH**
Sandstrand, Pinien, blaues Meer – der Golfo di Baratti erfüllt alle Wünsche an einen klassischen Strandurlaub. In dem flachen, klaren Wasser lässt sich das Meer ohne Stress genießen. › S. 128

☐ **STÖBERN**
Auf dem riesigen Antiquitätenmarkt in Arezzo finden Sie Altes und Schönes, Nützliches und Kurioses – der Besuch ist ein Abenteuer und eine echte Zeitreise. › S. 143

💬 **MITBRINGSEL**

- **Pecorino:** Schafskäse aus Pienza, von Buca Nuova › S. 16
- **Kräuterlikör und Kräutercremes:** aus der Apotheke der Mönche von Santa Maria Novella › S. 61

MEINE ENTDECKUNGEN

....
....
....
....
....
....
....
....
....
....
....
....
....
....
....
....
....
....

Teilen Sie Ihre Entdeckungen auf facebook.com/Polyglottreisewelt.